权威·前沿·原创

皮书系列为
"十二五"国家重点图书出版规划项目

就业蓝皮书
BLUE BOOK OF
EMPLOYMENT

2016 年
中国高职高专生就业报告

CHINESE 3-YEAR VOCATIONAL COLLEGE GRADUATES'
EMPLOYMENT ANNUAL REPORT (2016)

麦可思研究院 / 编　著
王伯庆　周凌波 / 主　审

社会科学文献出版社
SOCIAL SCIENCES ACADEMIC PRESS（CHINA）

图书在版编目（CIP）数据

2016 年中国高职高专生就业报告／麦可思研究院编
著. ‐‐北京：社会科学文献出版社，2016.6
（就业蓝皮书）
ISBN 978‐7‐5097‐9126‐4

Ⅰ. ①2… Ⅱ. ①麦… Ⅲ. ①高等职业教育‐毕业生
‐就业‐研究报告‐中国‐2016 Ⅳ. ①G717.38

中国版本图书馆 CIP 数据核字（2016）第 096313 号

就业蓝皮书
2016 年中国高职高专生就业报告

编 著／麦可思研究院
主 审／王伯庆 周凌波

出 版 人／谢寿光
项目统筹／桂 芳
责任编辑／张 媛 桂 芳

出 版／社会科学文献出版社·皮书出版分社（010）59367127
地址：北京市北三环中路甲 29 号院华龙大厦 邮编：100029
网址：www. ssap. com. cn
发 行／市场营销中心（010）59367081 59367018
印 装／三河市东方印刷有限公司

规 格／开 本：787mm×1092mm 1/16
印 张：14.5 字 数：219 千字
版 次／2016 年 6 月第 1 版 2016 年 6 月第 1 次印刷
书 号／ISBN 978‐7‐5097‐9126‐4
定 价／98.00 元

皮书序列号／B‐2015‐443

就业蓝皮书编辑委员会

本报告研究团队 麦可思研究院
厦门大学——麦可思高等教育数据研究中心
西南财经大学中国教育需求研究中心

主　审 王伯庆　周凌波

撰　稿 郭　娇　王梦萍

数据分析 王梦萍　王　丽

数据采集 沈柯伶　赵　华　邓　艳　陈　斌　王莉莎
唐秋艳　王虹美　聂小仙

审　稿 武艳丽　别敦荣

校　对 王锦娜

学术顾问 （按姓名拼音字母排序）

陈　宇　国家教育咨询委员会委员/中国就业促进会
　　　　副会长/教授

储朝晖　中国教育科学研究院研究员

董　刚　全国高职高专校长联席会主席

胡瑞文　国家教育咨询委员会委员/研究员

姜大源　教育部职业技术教育中心研究所学术委员会
　　　　秘书长/研究员

季　平　中国民办教育协会高等教育专业委员会理事长

李志宏　中国职业技术教育学会职教质量保障与评估
　　　　研究会理事长/研究员

马树超　中国职业技术教育学会副会长

任君庆　全国高职高专校长联席会秘书长

汤　敏　国务院参事室参事

王辉耀　国务院参事室参事/中国与全球化研究中心主任

叶之红　中国高等教育学会副秘书长/研究员

袁本涛　清华大学教育研究院教育政策与管理研究所
　　　　所长/教授

袁　岳　零点研究咨询集团董事长兼总裁

杨东平　国家教育咨询委员会委员/21世纪教育研究院
　　　　院长

查建中　联合国教科文组织产学合作教席中国理事会
　　　　理事长

前　言

　　《2016 年中国高职高专生就业报告》除总报告外还包括"应届就业报告"、"中期职业发展报告"和"培养质量报告"三部分，报告将用数据回答：刚毕业半年的高职高专生就业质量如何？毕业三年后在职场发展后劲如何？毕业生在校期间的培养效果如何？

　　"应届就业报告"主要是基于麦可思对 2015 届大学生毕业半年后的跟踪评价（回收全国总样本约 25.0 万，其中高职高专生样本约 12.7 万），并与 2014 届和 2013 届高职高专毕业生进行同期对比。该子报告反映高职高专应届毕业生毕业半年后的就业情况，包括就业结果、自主创业、专升本、未就业分析等方面。

　　"中期职业发展报告"是基于麦可思对 2012 届大学生毕业半年后（2013 年初完成，回收全国总样本约 26.2 万，其中高职高专生样本约 14.6 万）和三年后（回收全国总样本约 4.1 万，其中高职高专生样本约 1.9 万）的两次跟踪评价，进而与 2011 届高职高专毕业生进行同期对比。该子报告反映高职高专毕业生在职场的发展后劲，包括职位晋升、薪资增长、职业变迁、就业满意度等方面。

　　"培养质量报告"是本年度对报告结构调整后特别划分的子报告，主要反映高职高专毕业生在校期间的培养情况，包括毕业生对母校的总体满意度、教学满意度，以及能力、知识和素养提升（基本工作能力评价、核心知识评价、社团活动评价、在校素养提升、职业能力评价、职业素养评价）等方面。

　　本年度报告的特点仍然是以数据和图表来呈现分析结果，而不是表达个人观点。读者可以从自己的专业角度对某一数据或图表背后的因果关系进行

深度解读。

　　特别感谢帮助完善本年度报告的高等教育管理者和研究者，在此不一一具名。报告中所有的错误由作者唯一负责。

　　感谢读者阅读前言与本报告。限于篇幅，报告仅提供部分数据，如需了解更详细的内容，请联系作者（research@ mycos. com）。

麦可思研究院

2016 年 4 月

目　录

Ⅰ　总报告

Ⅱ　分报告一　应届就业报告

Ⅲ　分报告二　中期职业发展报告

Ⅳ　分报告三　培养质量报告

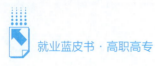

皮书数据库阅读**使用指南**

图表目录

I 总报告

Ⅱ　分报告一　应届就业报告

Ⅲ 分报告二 中期职业发展报告

Ⅳ　分报告三　培养质量报告

总 报 告

B.1
技术报告

一　调查背景介绍

（一）调查背景

《高等职业教育创新发展行动计划（2015－2018年）》中明确提出：
"巩固学校、省和国家三级高等职业教育质量年度报告制度，进一步提高年
度质量报告的量化程度、可比性和可读性。专科高等职业院校和省级教育行
政部门每年发布质量报告；支持第三方撰写发布国家高等职业教育质量年度
报告"。《教育部关于深化职业教育教学改革全面提高人才培养质量的若干
意见》强调，"职业院校要建立和完善内部质量监测和分专业的评价制度，强
化质量保障体系建设，及时向社会发布人才培养质量年度报告"。《国务院关
于加快发展现代职业教育的决定》提出要"建立就业状况定期发布制度"。

就业信息跟踪调查和公开发布制度是促进就业的有效方法。"就业质量

年报"制度自 2013 年 12 月初教育部办公厅印发《关于编制发布高校毕业生就业质量年度报告的通知》（教学厅函〔2013〕25 号）以来，得到了高校的积极贯彻落实，就业质量年报的内容质量、发布质量及合规性质量等都呈现提高态势。对毕业生开展就业调查、评估就业质量、发布就业报告，已经成为高校就业工作的规定内容和年度任务。

落实就业信息跟踪评价、公开发布制度，也是贯彻"依法治教"的重要举措。中共十八届四中全会通过了"依法治国"的战略决策，教育部据此提出了"全面推进依法治教、依法治校"的进一步部署。开展就业信息跟踪评价、公开发布就业质量年报，首先是落实教育部相关政策措施的需要，各高校均需要对行政管理的要求是否达成、行动是否合规做出回应。同时，信息公开也是依法治教的举措之一，需要有效落实。

本报告基于麦可思公司 2016 年度的大学毕业生跟踪调查数据而撰写，是社会第三方专业机构对于大学生就业信息的跟踪评价和公开发布——这也是符合"管办评分离"的原则和要求的。麦可思公司自 2007 年以来，每年对毕业半年后大学生的就业状态和工作能力进行全国性调查研究，连续七年对之前调查过的全国 2006～2012 届大学毕业生进行毕业三年后的职业发展跟踪调查。目前，麦可思已经调查了 2006～2015 届毕业半年后的大学生。就业蓝皮书自 2009 年首度发布以来，至 2016 年已是第八次发布年度报告，本年度报告已经被中国各级教育行政主管部门、各级人力资源行政主管部门、各级各类高校、各企事业单位、各级各类学术研究机构以及广大的大学毕业生和高考生等参考使用①。

（二）2016 年调查数据

1. 调查规模及覆盖面

2016 年度麦可思 - 全国大学毕业生跟踪评价分为以下两类。

---

① 限于篇幅，本报告仅提供了部分数据，如需了解更详细的内容，您可以联系我们（research @ mycos. com）。

（1）2015届大学生毕业半年后培养质量的跟踪评价，于2016年3月初完成，回收全国总样本约25.0万，其中高职高专生样本约12.7万。调查覆盖了999个专业，其中高职高专专业为599个；覆盖了全国30个省、自治区和直辖市；覆盖了大学毕业生能够从事的637个职业，其中高职高专毕业生从事的542个职业；覆盖了大学毕业生就业的327个行业。

（2）麦可思曾对2012届大学毕业生进行过毕业半年后培养质量的跟踪评价（2013年初完成，回收全国总样本约26.2万，其中高职高专生样本约14.6万）①，2015年底对此全国样本进行了三年后的再次跟踪评价，回收全国总样本约4.1万，其中高职高专生样本约1.9万。调查覆盖了853个专业，其中高职高专专业为495个；覆盖了全国30个省、自治区和直辖市；覆盖了大学毕业生能够从事的619个职业，其中高职高专毕业生能够从事的546个职业；覆盖了大学毕业生就业的324个行业。

2. 调查对象

毕业半年后的2015届大学毕业生：包括"211"院校、非"211"本科院校、高职高专院校、本科院校高职高专部的毕业生，不包括成人高等教育、军事院校和港澳台院校的毕业生。

毕业三年后的2012届大学毕业生：包括"211"院校、非"211"本科院校、高职高专院校、本科院校高职高专部的毕业生，不包括成人高等教育、军事院校和港澳台院校的毕业生。

3. 调查方式

分别向毕业半年后的2015届大学毕业生和毕业三年后的2012届大学毕业生以电子邮件方式发放答题邀请函、问卷客户端链接和账户号，两类调查的问卷不同。答卷人回答问卷，答题时间为15~30分钟。

4. 调查对象分类

2015届大学毕业生毕业半年后培养质量跟踪评价分为八类大学毕业生群体：

---

① 麦可思研究院编著《2013年中国大学生就业报告》，社会科学文献出版社，2013。

（1）受雇就业，分为受雇全职工作（包括与专业有关和与专业无关）、受雇半职工作两类；

（2）自主创业；

（3）毕业后入伍；

（4）毕业后立刻在国内或国外读研（针对本科毕业生）；

（5）毕业后读本科（针对高职高专毕业生）；

（6）没有就业和求职，在家准备考研或留学；

（7）没有就业，继续求职；

（8）没有就业，暂不求职并且也不准备求学。

2012届大学毕业生毕业三年后职业发展跟踪评价分为六类大学毕业生群体：

（1）受雇就业，分为与专业有关工作和与专业无关工作两类；

（2）自主创业；

（3）正在读研；

（4）正在读本科（针对高职高专毕业生）；

（5）没有就业，继续求职；

（6）没有就业，暂不求职并且也不准备求学。

5. 调查问题分类

2015届大学毕业生毕业半年后培养质量跟踪评价的问题分为以下七类：

（1）就业状况；

（2）基本工作能力、核心知识；

（3）自主创业；

（4）读研（针对本科毕业生）；

（5）专升本（针对高职高专毕业生）；

（6）校友评价；

（7）社团活动参与情况和素养提升。

2012届大学毕业生毕业三年后职业发展跟踪评价的问题分为以下五类：

（1）就业状况；

（2）工作稳定性；

（3）基本工作能力；

（4）职位晋升；

（5）校友评价。

二 研究概况

（一）研究目标

本调查研究采用麦可思公司自主研发的"麦可思中国高等教育供需追踪系统"（CHEFS）来进行。CHEFS 是"以社会需求信息为依据的就业导向"的评价系统，通过跟踪大学毕业生的社会需求满足、就业质量与读研学术准备的结果，把分析结果反馈给高等教育机构，以帮助高等教育机构按社会需求来改进其招生、专业设置、课程设置、课程内容、教学方式和求职服务，实现以社会需求和培养结果评价为重要依据的高校管理过程控制。

（二）研究目的

（1）了解 2015 届大学生毕业半年后的就业状态及就业满意度，发现其在满足社会需求方面存在的问题；

（2）了解 2015 届大学毕业生的专业预警情况；

（3）了解 2015 届大学毕业生对高等教育的满意度以及对母校的推荐度；

（4）通过大学毕业生工作中的自我评估，了解大学毕业生毕业时掌握的基本能力和核心知识是否适应其岗位的情况，反映今后的能力培养侧重点；

（5）了解 2015 届大学毕业生的自主创业及升学状况；

（6）了解 2015 届大学毕业生的社团活动和素养提升状况；

（7）了解 2012 届大学生毕业三年后的月收入、专业相关度和职位晋升情况；

（8）了解 2012 届大学生毕业三年后的工作稳定性，即毕业三年内职业、行业转换等；

（9）了解 2012 届大学生毕业三年后对职业能力和素养的评价；

（10）了解 2012 届大学生毕业三年后的自主创业和学历提升状况。

（三）研究样本

本调查需提醒读者注意以下几点：

（1）答题通过电子问卷客户端实现，未被邀请的答题将视为无效。

（2）本研究对调查答题和未答题的样本进行了检验，没有发现存在自我选择性样本偏差问题（Self－selection Bias）[①]。

（3）对于样本与实际比例的明显差异可能带来的统计误差，本研究采用权数加以修正（即对回收的全国总样本，基于学历、地区、院校类型、专业的实际分布比例进行再抽样）。再抽样后的样本分布与实际分布见表1至表14，大学毕业生的实际分布比例来自中华人民共和国国家统计局网站、中华人民共和国教育部网站。

表1　2015 届各省份本科毕业生调查样本分布与实际分布对比

单位：%

省　份	2015 届本科调查样本分布	2015 届本科毕业生实际分布
安　徽	4.0	3.9
北　京	3.5	3.4
福　建	3.7	3.0
甘　肃	1.3	1.9
广　东	7.9	6.4
广　西	<1.0*	2.2
贵　州	<1.0	1.6
海　南	<1.0	0.7

---

① 自我选择性样本偏差问题是指调查中存在某类群体选择答题的概率和其他群体有明显不同。例如，可能存在就业的毕业生更容易选择参与答题，而没有就业的学生可能不愿意参加答题等。

续表

省　份	2015 届本科调查样本分布	2015 届本科毕业生实际分布
河　北	4.6	4.3
河　南	8.4	5.7
黑龙江	3.9	3.6
湖　北	7.7	5.9
湖　南	<1.0	4.3
吉　林	5.9	3.1
江　苏	6.5	6.7
江　西	3.4	3.2
辽　宁	1.5	4.5
内蒙古	1.5	1.5
宁　夏	<1.0	0.4
青　海	<1.0	0.2
山　东	6.2	6.3
山　西	<1.0	2.5
陕　西	5.3	4.7
上　海	2.6	2.4
四　川	8.6	4.9
天　津	2.2	2.2
西　藏	<1.0	0.1
新　疆	1.1	1.0
云　南	<1.0	2.5
浙　江	4.2	4.0
重　庆	2.0	2.9

＊表中调查样本分布小于 1.0% 的数值均用 "＜1.0" 表示，下同。

数据来源：麦可思－中国 2015 届大学毕业生培养质量跟踪评价；中华人民共和国国家统计局。

表2　2015 届各经济区域本科毕业生调查样本分布与实际分布对比

单位：%

各经济区域	2015 届本科调查样本分布	2015 届本科毕业生实际分布
泛长江三角洲区域经济体	20.7	20.3
泛渤海湾区域经济体	18.9	20.1
中原区域经济体	16.1	16.0
泛珠江三角洲区域经济体	12.4	12.2
西南区域经济体	12.0	11.9
东北区域经济体	11.4	11.2
陕甘宁青区域经济体	7.3	7.3
西部生态经济区	1.1	1.1

数据来源：麦可思－中国 2015 届大学毕业生培养质量跟踪评价；中华人民共和国国家统计局。

表3　2015届各省份高职高专毕业生调查样本分布与实际分布对比

单位：%

省　份	2015届高职高专调查样本分布	2015届高职高专毕业生实际分布
安　徽	5.0	4.5
北　京	1.4	1.1
福　建	3.0	2.8
甘　肃	3.3	1.9
广　东	8.6	8.3
广　西	3.3	3.5
贵　州	1.8	1.9
海　南	<1.0	0.7
河　北	4.6	5.3
河　南	8.1	7.3
黑龙江	3.0	2.2
湖　北	8.6	5.9
湖　南	1.5	4.6
吉　林	1.3	1.5
江　苏	6.1	6.2
江　西	3.4	3.7
辽　宁	2.5	3.1
内蒙古	<1.0	1.6
宁　夏	<1.0	0.4
青　海	<1.0	0.2
山　东	7.7	7.5
山　西	3.6	3.1
陕　西	2.1	4.0
上　海	1.4	1.5
四　川	6.7	5.8
天　津	1.9	1.8
西　藏	<1.0	0.1
新　疆	1.4	1.3
云　南	1.5	1.8
浙　江	4.1	3.8
重　庆	2.4	2.6

数据来源：麦可思－中国2015届大学毕业生培养质量跟踪评价；中华人民共和国国家统计局。

表4　2015届各经济区域高职高专毕业生调查样本分布与实际分布对比

单位：%

各经济区域	2015届高职高专调查样本分布	2015届高职高专毕业生实际分布
泛长江三角洲区域经济体	19.9	19.7
泛渤海湾区域经济体	19.7	20.4
中原区域经济体	18.2	17.8
泛珠江三角洲区域经济体	15.6	15.4
西南区域经济体	12.5	12.1
东北区域经济体	6.8	6.7
陕甘宁青区域经济体	6.0	6.5
西部生态经济区	1.4	1.4

数据来源：麦可思－中国2015届大学毕业生培养质量跟踪评价；中华人民共和国国家统计局。

表5　2015届不同类型院校本科毕业生调查样本分布与实际分布对比

单位：%

院校类型	2015届本科调查样本分布	2015届本科毕业生实际分布
"211"院校	17.3	14.5
非"211"本科院校	82.7	85.5

数据来源：麦可思－中国2015届大学毕业生培养质量跟踪评价；中华人民共和国国家统计局，中华人民共和国教育部。

表6　2015届各学科门类本科毕业生调查样本分布与实际分布对比

单位：%

本科学科门类	2015届本科调查样本分布	2015届本科毕业生实际分布
工　学	31.8	31.8
文　学	18.8	18.9
管理学	18.0	18.0
理　学	9.6	9.6
经济学	6.2	6.0
医　学	6.1	6.1
教育学	3.7	3.7
法　学	3.6	3.6
农　学	1.4	1.7
历史学	<1.0	0.5
哲　学	<1.0	0.1

数据来源：麦可思－中国2015届大学毕业生培养质量跟踪评价；中华人民共和国国家统计局。

表7　2015届各专业大类高职高专毕业生调查样本分布与实际分布对比

单位：%

高职高专专业大类	2015届高职高专调查样本分布	2015届高职高专毕业生实际分布
财经大类	22.7	22.0
制造大类	13.3	12.9
土建大类	12.0	11.6
电子信息大类	9.8	9.5
医药卫生大类	8.9	9.5
文化教育大类	8.4	9.5
交通运输大类	5.0	4.9
艺术设计传媒大类	4.8	4.6
旅游大类	3.6	3.5
生化与药品大类	2.3	2.2
农林牧渔大类	1.8	1.8
轻纺食品大类	1.7	1.6
资源开发与测绘大类	1.6	1.6
材料与能源大类	1.4	1.3
公共事业大类	1.0	1.0
法律大类	<1.0	1.2
环保、气象与安全大类	<1.0	0.5
水利大类	<1.0	0.4
公安大类	<1.0	0.4

数据来源：麦可思－中国2015届大学毕业生培养质量跟踪评价；中华人民共和国国家统计局。

表8　2012届各省份本科毕业生调查样本分布与实际分布对比

单位：%

省　份	2012届本科生毕业三年后调查样本分布	2012届本科毕业生实际分布
安　徽	2.6	3.8
北　京	4.9	3.8
重　庆	3.3	2.6
福　建	3.5	2.9
甘　肃	<1.0	2.0
广　东	7.9	6.2
广　西	<1.0	2.1
贵　州	1.8	1.4
海　南	1.0	0.6

续表

省　份	2012 届本科生毕业三年后调查样本分布	2012 届本科毕业生实际分布
河　北	5.4	4.2
河　南	5.8	5.1
黑龙江	3.8	3.8
湖　北	6.4	5.6
湖　南	4.2	4.4
吉　林	2.4	3.3
江　苏	10.3	7.4
江　西	<1.0	3.1
辽　宁	2.0	4.9
内蒙古	1.8	1.5
宁　夏	1.8	0.4
青　海	2.0	0.2
山　东	5.2	6.2
山　西	1.4	2.3
陕　西	2.2	4.4
上　海	4.0	2.9
四　川	5.9	5.1
天　津	2.5	2.2
西　藏	<1.0	0.2
新　疆	<1.0	1.1
云　南	<1.0	2.0
浙　江	6.0	4.3

数据来源：麦可思–中国 2012 届大学毕业生三年后职业发展跟踪评价；中华人民共和国国家统计局。

表9　2012 届各经济区域本科毕业生调查样本分布与实际分布对比

单位：%

各经济区域	2012 届本科生毕业三年后调查样本分布	2012 届本科毕业生实际分布
泛长江三角洲区域经济体	23.3	21.5
泛渤海湾区域经济体	21.2	20.2
中原区域经济体	16.5	15.1
泛珠江三角洲区域经济体	12.7	11.8
西南区域经济体	11.8	11.1
东北区域经济体	8.2	12.0
陕甘宁青区域经济体	6.3	7.0
西部生态经济区	<1.0	1.3

数据来源：麦可思–中国 2012 届大学毕业生三年后职业发展跟踪评价；中华人民共和国国家统计局。

表10　2012届各省份高职高专毕业生调查样本分布与实际分布对比

单位：%

省　份	2012届高职高专生毕业三年后调查样本分布	2012届高职高专毕业生实际分布
安　徽	5.2	4.6
北　京	1.8	1.3
重　庆	2.8	2.0
福　建	2.9	2.9
甘　肃	3.8	1.5
广　东	8.6	7.3
广　西	2.9	3.3
贵　州	1.4	1.5
海　南	1.0	0.8
河　北	2.7	5.7
河　南	8.7	7.9
黑龙江	2.1	2.6
湖　北	6.3	6.1
湖　南	5.6	5.4
吉　林	1.2	1.6
江　苏	6.3	6.4
江　西	4.9	4.3
辽　宁	1.1	2.8
内蒙古	1.4	1.8
宁　夏	<1.0	0.3
青　海	<1.0	0.2
山　东	10.2	8.6
山　西	2.8	2.8
陕　西	<1.0	4.0
上　海	1.4	1.7
四　川	4.8	4.2
天　津	1.6	1.5
西　藏	<1.0	0.1
新　疆	1.4	1.1
云　南	<1.0	1.9
浙　江	4.2	3.8

数据来源：麦可思－中国2012届大学毕业生三年后职业发展跟踪评价；中华人民共和国国家统计局。

表11　2012届各经济区域高职高专毕业生调查样本分布与实际分布对比

单位：%

各经济区域	2012届高职高专生毕业三年后调查样本分布	2012届高职高专毕业生实际分布
泛长江三角洲区域经济体	22.1	20.8
泛渤海湾区域经济体	20.6	21.7
中原区域经济体	20.5	19.4
泛珠江三角洲区域经济体	15.4	14.3
西南区域经济体	9.8	9.6
陕甘宁青区域经济体	5.8	6.0
东北区域经济体	4.5	7.0
西部生态经济区	1.4	1.2

数据来源：麦可思－中国2012届大学毕业生三年后职业发展跟踪评价；中华人民共和国国家统计局。

表12　2012届不同类型院校本科毕业生调查样本分布与实际分布对比

单位：%

院校类型	2012届本科生毕业三年后调查样本分布	2012届本科毕业生实际分布
"211"院校	17.0	17.2
非"211"本科院校	83.0	82.8

数据来源：麦可思－中国2012届大学毕业生三年后职业发展跟踪评价；中华人民共和国国家统计局，中华人民共和国教育部。

表13　2012届各学科门类本科毕业生调查样本分布与实际分布对比

单位：%

本科学科门类	2012届本科生毕业三年后调查样本分布	2012届本科毕业生实际分布
工　学	32.1	31.7
文　学	19.0	19.2
管理学	16.9	16.7
理　学	10.9	10.5
经济学	6.4	6.2
医　学	5.7	5.9
法　学	4.0	3.9
教育学	2.7	3.5
农　学	1.8	1.8
历史学	<1.0	0.5
哲　学	<1.0	0.1

数据来源：麦可思－中国2012届大学毕业生三年后职业发展跟踪评价；中华人民共和国国家统计局。

表14 2012届各专业大类高职高专毕业生调查样本分布与实际分布对比

单位：%

高职高专专业大类	2012届高职高专生毕业三年后调查样本分布	2012届高职高专毕业生实际分布
财经大类	22.3	21.4
制造大类	14.8	14.2
电子信息大类	14.6	14.0
文化教育大类	10.7	12.6
土建大类	7.4	7.1
医药卫生大类	6.5	6.2
艺术设计传媒大类	4.1	4.7
旅游大类	3.6	3.6
交通运输大类	3.4	3.3
生化与药品大类	2.8	2.7
轻纺食品大类	2.2	2.0
农林牧渔大类	1.7	1.8
材料与能源大类	1.5	1.4
公共事业大类	1.4	1.1
资源开发与测绘大类	1.1	1.1
水利大类	<1.0	0.3
法律大类	<1.0	1.5
环保、气象与安全大类	<1.0	0.5
公安大类	<1.0	0.5

数据来源：麦可思－中国2012届大学毕业生三年后职业发展跟踪评价；中华人民共和国国家统计局。

（四）研究过程

本调查研究分为三个步骤：信息反馈、数据分析及指标呈现。

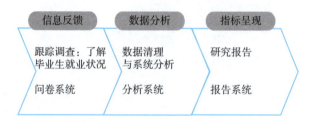

图1 调查研究的三个步骤

（五）基本研究框架

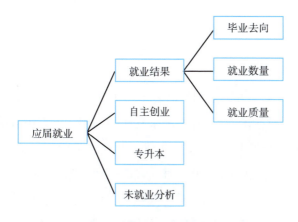

图2 分报告一基本研究框架

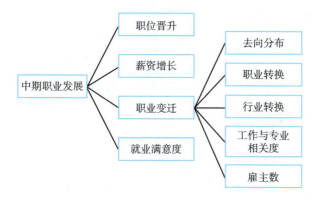

图3 分报告二基本研究框架

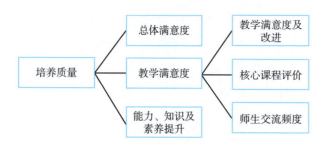

图4 分报告三基本研究框架

B.2
主要结论

2016年是"十三五"规划开局之年。李克强总理在4月15日视察清华大学与北京大学时指出，"教育是国家发展的基础，关系民族的未来，高水平教育是国家综合竞争力的重要体现。世界经济强国，无一不是教育强国。"这为解读新鲜出炉的2015届大学毕业生就业数据奠定了基调。在"十三五"期间建设教育强国，需要具有全国代表性、长期连续跟踪的数据来帮助政府决策者把握全局、调配人财物等资源，也帮助高校管理者优化结构，不断提高人才培养质量与办学效益。

麦可思自2007年开始进行大学毕业生就业调查，并从2009年开始根据调查结果每年发布《中国大学生就业报告》（就业蓝皮书），迄今已连续十年进行全国调查，出版了八本就业蓝皮书，建立了2006~2015届中国大学毕业生就业数据库。无论是调查持续时间之长，还是覆盖全国的样本代表性之准确（详见技术报告），其在中国高等教育领域都具有独特的价值，为研究者提供具有公信力的大学毕业生就业数据。

除了对应届生进行毕业半年后就业状况的短期调查，麦可思还对同一毕业生样本进行三年后的再跟踪调查，这样反馈回来的社会需求从时间跨度上来看更加全面。除了劳动力市场信息，麦可思还让大学毕业生对在校期间的核心课程、师生互动、知识/能力/素养提升等进行评价，为高校管理者提升培养质量寻找着力点。通过瞻"前"（即回顾大学培养过程这三年）顾"后"（即跟踪毕业后三年的就业状况），麦可思的调查数据勾勒出中国新一代受过高等教育的年轻人在18~24岁期间离家求学、步入职场、继续深造或晋升的路径。感谢这十年里累计数百万接受麦可思调查的年轻人。他们在问卷上勾选一个答案，背后就是在人生道路上的一次选择或一段努力。这些年轻人的选择或努力汇集起来，就能顶住困难，托举起希望。

［解读1］毕业去向多口径分流

从毕业去向来看，大学生就业正在从受雇全职工作的单一出路，转变为通过继续深造、自主创业等多条渠道分流。根据麦可思数据，2010～2015届①高职高专应届毕业生受雇全职工作的比例从82.2%下降为80.5%。伴随这一下降趋势，专升本与创业的比例持续上升。这表明高职高专毕业生的去向正在从"单一出口"（即受雇全职工作）向"多口径分流"（即"毕业后读本科"+"自主创业"）转变。

2010～2015届高职高专应届毕业生专升本的比例从2.6%上升为4.7%。从专升本动机来看，2015届毕业生的主要驱动力是"职业发展需要"（28%）、"想去更好的大学"（27%）以及"就业前景好"（25%）。从专业大类来看，2015届毕业生专升本比例最高的是文化教育大类（7.6%）与财经大类（6.3%）。基于这些数据，政府决策者可对专升本的规模、专业大类等进行战略布局，完善现代职业教育体系。高职高专院校管理者（尤其是教育、财经院校）可在课程设置、学生指导、职业规划等方面强化与专升本相关的工作。

应届毕业生创业比例上升，但毕业三年后的创业比例更高，更多的毕业生将在工作一段时间后再投身创业。创业教育的效果评价不应过度看重毕业时，创业教育是国家长期和个人终身受益的事业。高职高专生在毕业半年后自主创业的比例也从2010届的2.2%上升到2015届的3.9%，而且连续六年自主创业比例都高于本科毕业生。创业这条渠道经过时间的沉淀对就业的分流效果更为明显，以2012届高职高专毕业生为例，毕业半年后创业比例为2.9%，毕业三年后这一比例增长为7.7%。而且创业存活的

---

① 解读中提到的2010～2014届数据，均出自《2015年中国高职高专生就业报告》（分报告三专题研究）。

比例也在上升，2008届毕业半年后创业的高职高专毕业生，毕业三年后还在创业的比例为34.8%，2012届这一创业存活率增长为47.5%。这些数据为决策者在创业扶持政策的制定上提供新的思路，例如覆盖到毕业三年后的校友以及关注到创业存活率。对自主创业数据进一步挖掘，无论是毕业半年后还是三年后，高职高专毕业生创业最集中的前5位职业里包括了销售、互联网开发及应用、餐饮/娱乐以及建筑工程。这为高校管理者在开发创业课程、组织学生实践方面提供依据。此外值得关注的一点是创业风险管控，2015届高职高专毕业生自主创业的资金来源52%靠父母/亲友投资或借贷，23%靠个人积蓄，还有7%靠银行贷款/个人信用卡透支。需要让这些创业的年轻人意识到借贷（尤其是透支）的风险，避免不理智的行为。

［解读2］信息技术和医药卫生领跑产业升级

产业升级带来对受过大学教育的劳动力的需求增长。大学毕业生的就业状况就像一张"晴雨表"，帮助决策者识别出朝阳产业与夕阳产业。根据麦可思调查，高职高专12个专业大类在过去六年里有完整的调查数据①，其中10个专业大类的毕业生就业率都呈现上升趋势，反映出整体层面上的产业升级趋势。对大学毕业生的就业数据进一步挖掘分析可见，知识与服务密集型的现代产业（信息技术、医药卫生）发展强劲，而劳动密集型的传统产业（制造、建筑）面临挑战。

信息技术正在领跑这一轮产业升级，成为拉动经济的引擎，对大学毕业生的需求增长最为明显。根据麦可思数据，从吸纳毕业生的规模来看，从事"互联网应用及开发"职业的高职高专毕业生比例从2010届的1.5%上升到2015届的4.3%；从毕业半年后的薪资收入来看，"互联网开发及应用"（月收入4101元）与"计算机与数据处理"（月收入3942元）领跑，与经营管理、房地产经营、金融这些传统高薪职业并列前五。毕业三年后，信息

---

① 公共事业、农林牧渔等专业大类因样本不足，缺失这六年的完整数据。

技术方面的这两种职业分别以月收入6321元与6358元继续占据优势，仅次于经营管理，对毕业生需求量大、月收入高且薪资增幅明显。劳动力市场的这些有利信息应及时反馈到培养过程中。根据麦可思数据，高职高专毕业生认为在35项基本工作能力中最重要的是"电脑编程"，而且重要度从2014届的74%上升为2015届的77%，满足度从66%下降到2015届的63%。这些数据表明，高校管理者要满足非专业学生对信息技术的需求，提高计算机公选课的教学质量，进行信息时代的"扫盲"，培养这部分学生的编程能力。

医药卫生的产业升级带来希望与挑战并存的局面：一方面吸纳的高职高专毕业生数量明显上升；另一方面在薪资水平与薪资涨幅方面却面临挑战。根据麦可思数据，从就业量来看，高职高专毕业生就业于医疗和社会护理服务业的比例从2010届的2.8%上升为2015届的7.2%；从事护士这一职业的比例为3.2%，居2015届高职高专毕业生就业量最大的主要职业的第三位。从薪资水平来看，毕业半年后就业于医疗和社会护理服务业的高职高专毕业生月收入仅为3031元，远低于全国平均水平（3409元）；毕业三年后就业于医疗和社会护理服务业的高职高专毕业生月收入上升为4666元，仍然低于全国平均水平（5020元）。医药卫生行业这种需求量增长、起薪低且增幅小的挑战已经在劳动力市场上通过价格信号得到及时体现，就业于医疗和社会护理服务业的2015届高职高专毕业生月收入（3031元）比2014届（2764元）有了明显上升，属于增长最快的前五位主要行业之一。高校管理者（尤其是医学类院校）在评价类似专业应届毕业生时应给予注意，注重毕业生职业发展评价，关注劳动力市场反馈的信息，携手医院、护理机构等用人单位，让毕业生的职业期待、知识/能力/素养等与社会需求更为匹配。

[解读3]建筑业、制造业面临挑战

在升级过程中面临挑战的传统产业（例如建筑、制造）值得关注。根据麦可思数据，建筑业吸纳高职高专毕业生的规模在过去六年呈现一种倒"U"形曲线，从 2010 届的 9.0% 到 2012 届达到峰值 12.9%，到 2015 届回落为 12.1%，与全国房地产开发在最近两年的降温同步。就业于建筑业的 2015 届高职高专毕业生月收入仅为 3174 元，远低于全国高职高专毕业生平均起薪（3409 元）。究竟建筑业的走向如何？这些变化是短期波动还是会持续下滑？目前尚不清晰，需要未来继续对就业数据进行跟踪分析。

以加工为主的劳动密集型制造业，例如机械五金、电子电器等，在过去六年已持续面临下行的压力。从吸纳毕业生的规模来看，2010 ~ 2015 届高职高专毕业生就业于电子电气仪器设备及电脑制造业的比例已从 8.7% 下降到 5.2%；就业于机械五金制造业的比例也从 7.5% 下降到 3.4%，这两项相加，所占比例总共从 16.2% 跌到 8.6%，减少接近一半。从就业质量来看，2015 届高职高专毕业生就业满意度最低的十大行业中，九个都属于制造业。无论是从就业规模还是从就业质量来看，这些数据都表明制造业面临挑战，需要从以来料加工为主的低端制造升级为以研发设计为主的高端制造。

产业升级对劳动力在知识、能力、素养方面提出新的匹配条件，也对培养过程提出新的要求。2015 届高职高专毕业生认为母校教学最需要改进的地方是"实习和实践环节不够"（64%）、"无法调动学生学习兴趣"（49%）以及"课程内容不实用或陈旧"（33%），而就业于建筑业和制造业的高职高专毕业生认为母校这些方面需要改进的比例相对较高（分别为 64%、49%、33%）。这些为高校管理者（尤其是建筑、制造等相关专业的院校）提供了实习实践、学生参与、课程创新等方面问题的"靶心"，可通过聚焦这些突出问题来提升培养质量，满足产业升级的社会需要。

[解读4] 地级市以下、民营、中小型企业进一步释放产能

随着城市化进程的推进，中国接下来释放产能的主战场将从 40 个超大城市（包括直辖市、副省级城市及其他省会城市）转移到数百个充满活力

的中小城市①。根据麦可思数据，从毕业去向的城市类型来看，高职高专毕业生在地级市及以下地区的就业比例从 2010 届的 56% 上升为 2015 届的 61%，在这六年中连续出现"重心下沉"。

从雇主类型来看，高职高专毕业生在民营企业的就业比例已接近七成，从 2010 届的 63% 上升为 2015 届的 67%。这一趋势伴随国企与外企对毕业生需求的疲软，其中在国有企业的就业比例从 2010 届的 18% 下降到 2015 届的 16%，在中外合资/外资/独资企业的就业比例从 2010 届的 13% 下降为 2015 届的 8%。这些变化反映出国企正在经历新一轮产能调整，外资企业也受劳动力成本上升等因素的影响，而民营企业的灵活性呈现了其对毕业生就业支撑的持重。从薪资水平来看，以 2012 届高职高专毕业生为例，在民营企业就业的起薪较低（2627 元），毕业半年后月收入低于在国有企业就业的高职高专毕业生（2992 元）；但是民营企业的薪资增幅更大，毕业三年后月收入（5157 元）就会赶超在国有企业就业的同届毕业生（4992 元）。这种"起薪低、增幅大"的特点反映了民营企业在薪酬上更具竞争性。

从雇主规模来看，高职高专毕业生在中小微企业就业的比例也达到半数。根据麦可思数据，2010~2015 届高职高专毕业生在 3000 人以上大型企业就业的比例从 20% 下降到 17%，在 300 人以下的中小微企业就业的比例从 55% 上升到 60%。这反映出中小微企业更具活力，在过去六年里吸纳了更多的大学毕业生。

六成 2015 届高职高专毕业生选择在地级市以下、民营、300 人以下单位就业。正是这些年轻人通过自己的择业推动了城市化进程，激活了民营经济，托举起中小微企业。决策制定者可对此特别注意，例如大学毕业生在地级市以下、民营、中小微企业就业的起薪相对较低，可通过直接的补助或间接的免税、租房等福利来吸引并留住更多人才。高校管理者（尤其是位于

① 麦肯锡全球研究院在 2013 年 5 月发布的《一个价值 2500 亿美元的问题：中国能否填补技能缺口》。

地级市以下的院校）可增强为地方经济发展服务的意识，了解中小微民企对毕业生的需求，帮助毕业生在走上职场后能适应更复杂、更灵活的工作环境，为数百个中小城市以及成千上万的中小微民企释放产能提供必要的人才储备。

分报告一　应届就业报告

一　就业结果

➤毕业去向

（一）总体毕业去向分布

1. 在 2015 届大学毕业生中，有 78.9% 的人毕业半年后受雇全职或半职工作，3.0% 的人自主创业，0.5% 的人入伍；有 10.1% 的人升学，其中 6.8% 正在国内读研，1.0% 正在港澳台及国外读研，2.3% 正在读本科；有 7.5% 的人处于失业状态，其中 1.0% 准备国内外读研，3.9% 准备继续寻找工作，还有 2.6% 放弃了继续求职和求学。

2. 2015 届大学生毕业半年后"受雇全职工作"的比例（77.4%）与 2014 届、2013 届（分别为 79.2%、80.6%）相比有所下降；"自主创业"的比例（3.0%）、正在读研/读本科的比例（10.1%）与 2014 届、2013 届（"自主创业"分别为 2.9%、2.3%，正在读研/读本科分别为 8.9%、8.0%）相比有所提升；而"无工作，继续寻找工作"的比例（3.9%）略高于 2014 届（3.7%），与 2013 届（4.7%）相比有所下降。

3. 2015 届高职高专毕业生毕业半年后"受雇全职工作"的比例（80.5%）与 2014 届、2013 届（分别为 81.7%、82.5%）相比有所下降，连续三届呈下降趋势；"自主创业"的比例（3.9%）与 2014 届、2013 届（分别为 3.8%、3.3%）相比有所提升，连续三届呈上升趋势；"毕业后读本科"的比例（4.7%）与 2014 届、2013 届（分别为 4.2%、3.8%）相比有所提升，连续三届呈上升趋势。

（二）就业地分布

2015届高职高专生毕业半年后就业区域主要集中在泛渤海湾区域（包括北京、天津、山东、河北、内蒙古、山西），占22.7%；泛珠江三角洲区域（包括广东、广西、福建、海南），占21.2%；泛长江三角洲区域（包括上海、江苏、浙江、江西、安徽），占21.1%。

（三）就业城市类型

2015届大学生毕业半年后有17%在直辖市就业，28%在副省级城市就业，55%在地级城市及以下就业。其中本科毕业生比高职高专毕业生在直辖市就业的比例高7个百分点（分别为21%和14%）。大学生连续三届就业的城市类型分布比较稳定，没有数据表明现在的大学毕业生和之前的相比，在不同类型城市的就业比例存在明显差异。

➢就业数量

（一）总体就业率

1. 2015届大学生毕业半年后的就业率（91.7%）比2014届（92.1%）略低，比2013届（91.4%）略高。其中，本科院校2015届毕业生毕业半年后的就业率为92.2%，比2014届（92.6%）略低，比2013届（91.8%）略高；高职高专院校2015届毕业生毕业半年后的就业率为91.2%，比2014届（91.5%）略低，比2013届（90.9%）略高。从近三届的趋势可以看出，大学生毕业半年后就业率呈现平稳态势。

2. 2015届泛珠江三角洲区域经济体高职高专院校毕业生毕业半年后的就业率最高（93.7%），陕甘宁青区域经济体最低（86.3%）。

（二）专业分析

1. 2015届高职高专生毕业半年后就业率最高的专业大类是生化与药品大类（93.5%），最低的是资源开发与测绘大类（87.4%）。从三届的就业率变化趋势可以看出，高职高专专业大类中的生化与药品大类、交通运输大类、文化教育大类、艺术设计传媒大类毕业生毕业半年后的就业率持续上升。

2. 2015届高职高专生毕业半年后就业率前三位的专业是电力系统自动化技术（98.6%）、铁道工程技术（97.8%）、电力系统继电保护与自动化（96.0%）。

（三）职业分析

1. 2015届高职高专生毕业半年后从事最多的职业类是"财务/审计/税务/统计"，就业比例为10.8%，其次是"销售"（10.6%）。与2013届相比，2015届高职高专毕业生就业比例增加较多的职业类为"互联网开发及应用"（增加2.4个百分点）、"医疗保健/紧急救助"（增加2.2个百分点）；就业比例降低最多的职业类为"机械/仪器仪表"，降低了1.9个百分点。

2. 从三届的就业趋势可以看出，在就业比例排名前十位的职业类中，高职高专毕业生从事"互联网开发及应用"职业类的比例逐届增加，从事"机械/仪器仪表"和"电气/电子（不包括计算机）"职业类的比例逐届降低。

（四）行业分析

1. 2015届高职高专生毕业半年后就业最多的行业类是"建筑业"（12.1%），其次是"金融（银行/保险/证券）业"（7.6%）和"医疗和社会护理服务业"（7.2%）等。与2013届相比，2015届高职高专毕业生就业比例增加较多的行业类为"金融（银行/保险/证券）业"（增加2.2个百分点）、"医疗和社会护理服务业"（增加2.0个百分点）和"教育业"（增加1.9个百分点）；就业比例降低最多的行业类是"运输业"，降低了2.1个百分点。

2. 从三届的就业趋势可以看出，在就业比例排名前十位的行业类中，高职高专毕业生在"金融（银行/保险/证券）业"和"教育业"行业类就业的比例逐届增加，在"电子电气仪器设备及电脑制造业"行业类就业的比例逐届降低。

（五）用人单位分析

1. "民营企业/个体"（59%）是2015届大学毕业生就业最多的用人单

位类型，本科院校中有52%的毕业生就业于"民营企业/个体"，高职高专院校中有67%的毕业生就业于"民营企业/个体"。

2. 2015届大学毕业生就业比例最高的是300人及以下规模的中小型用人单位（55%），其中本科毕业生这一比例为50%，高职高专毕业生为60%。

➤就业质量

（一）就业满意度

1. 2015届大学毕业生的就业满意度为62%，与2014届（61%）基本持平。其中，本科院校2015届毕业生的就业满意度为63%，与2014届（62%）基本持平；高职高专院校2015届毕业生的就业满意度为61%，比2014届（59%）高2个百分点。

2. 2015届高职高专毕业生对就业现状不满意的主要原因是"收入低"（66%）、"发展空间不够"（57%）。

3. 在2015届高职高专专业大类中，就业满意度最高的为文化教育大类（64%）、医药卫生大类（64%）和农林渔牧大类（64%），最低的为资源开发与测绘大类（53%）。

4. 2015届高职高专生毕业半年后就业满意度最高的职业是"银行柜员"（80%），最低的职业是"手工包装工"（35%）。

5. 2015届高职高专生毕业半年后就业满意度最高的行业是"铁路运输业"（81%），最低的行业是"树脂、合成橡胶、合成纤维及人造丝制造业"（45%）。

6. 2015届高职高专生毕业半年后在"政府机构/科研或其他事业单位"的就业满意度最高（70%），在"民营企业/个体"的就业满意度最低（58%）。

7. 2015届高职高专生毕业半年后在泛渤海湾区域经济体和泛长江三角洲区域经济体就业的满意度最高（均为63%）。

（二）职业期待吻合度

1. 2015届大学毕业生工作与职业期待的吻合度为47%，与2014届

（46%）基本持平。其中，本科和高职高专院校 2015 届毕业生工作与职业期待的吻合度分别为 50%、44%，均与 2014 届（分别为 49%、43%）基本持平。

2. 2015 届认为工作与职业期待不吻合的高职高专毕业生中，有 33% 的人认为是"不符合自己的职业发展规划"，其次是"不符合自己的兴趣爱好"（23%）。

3. 在 2015 届高职高专专业大类中，毕业生毕业半年后职业期待吻合度最高的为医药卫生大类和文化教育大类（均为 52%），最低的为资源开发与测绘大类（37%）。

（三）薪资分析

1. 2015 届大学毕业生月收入（3726 元）比 2014 届（3487 元）增长了 239 元，比 2013 届（3250 元）增长了 476 元。其中，本科毕业生 2015 届（4042 元）比 2014 届（3773 元）增长了 269 元，比 2013 届（3560 元）增长了 482 元；高职高专毕业生 2015 届（3409 元）比 2014 届（3200 元）增长了 209 元，比 2013 届（2940 元）增长了 469 元。从近三届的趋势可以看出，大学生毕业半年后月收入呈现上升趋势。

2. 2015 届高职高专毕业生月收入在 5000 元以上的比例为 13.1%，比 2014 届（12.0%）高 1.1 个百分点；月收入在 1500 元以下的比例为 2.8%，比 2014 届（3.0%）略低。

3. 在 2015 届高职高专专业大类中，毕业生毕业半年后月收入最高的是交通运输大类（3721 元），最低的是医药卫生大类（2975 元）。

4. 2015 届高职高专生毕业半年后月收入最高的职业类是"经营管理"（4148 元），其后是"金融（银行/基金/证券/期货/理财）"（4141 元）、"互联网开发及应用"（4101 元）。

5. 2015 届高职高专生毕业半年后月收入最高的行业类为"金融（银行/保险/证券）业"（4020 元），其次是"房地产开发销售租赁及其他租赁业"（3871 元）。

6. 2015 届高职高专生毕业半年后在"中外合资/外资/独资"单位就业

的人群月收入最高（3841 元）；与 2014 届相比，2015 届高职高专毕业生在各类型用人单位就业的月收入都有所上升。

7. 2015 届高职高专毕业生在"3000 人以上"规模的大型用人单位就业的月收入最高（3935 元）；与 2014 届相比，2015 届高职高专毕业生在各规模用人单位就业的月收入都有所上升。

8. 2015 届高职高专生毕业半年后在泛长江三角洲区域经济体就业的月收入最高，为 3630 元。

（四）工作与专业相关度

1. 2015 届大学毕业生的工作与专业相关度为 66%，与 2014 届（66%）持平。其中，本科和高职高专院校 2015 届毕业生的工作与专业相关度分别为 69%、62%，均与 2014 届（分别为 69%、62%）持平。

2. 2015 届高职高专毕业生选择与专业无关工作的主要原因是"迫于现实先就业再择业"（29%）、"专业工作不符合自己的职业期待"（28%）。

3. 在 2015 届高职高专专业大类中，专业相关度最高的是医药卫生大类（89%），其次是材料与能源大类（74%）；最低的是公共事业大类和轻纺食品大类（均为 51%）。

（五）离职率

1. 2015 届大学毕业生毕业半年内的离职率为 34%，与 2014 届（33%）基本持平。其中，本科和高职高专院校 2015 届毕业生毕业半年内离职率分别为 24%、43%，与 2014 届（分别为 23%、42%）基本持平。

2. 在 2015 届高职高专专业大类中，医药卫生大类半年内离职率最低（22%），艺术设计传媒大类半年内离职率最高（54%）。

3. 2015 届高职高专生毕业半年内离职的人群有 98% 发生过主动离职，主动离职的主要原因是"薪资福利偏低"（48%）、"个人发展空间不够"（46%）。

（六）专业预警

1. 2016 年高职高专就业红牌专业包括：法律事务、语文教育、工程监理、建筑工程管理、税务；黄牌专业包括：会计电算化、图形图像制作、影视动画、应用日语。以上专业部分与 2015 年的红黄牌专业相同，属于失业量较大，就业率、薪资和就业满意度综合较低的高失业风险型专业，这些专业具有持续性。

2. 2016 年高职高专就业绿牌专业包括：铁道工程技术、电力系统自动化技术、市场营销、房地产经营与估价、发电厂及电力系统、视觉传达。以上专业部分与 2015 年的绿牌专业相同，属于失业量较小，就业率、薪资和就业满意度综合较高的需求增长型专业。

3. 出现红、黄牌专业的原因既可能是供大于求，也可能是培养质量达不到岗位需求，而这是导致大学毕业生找不到工作与企业招不到人才的原因之一。专业预警分析可以引导政府和高校主动调整学科专业设置，提高人才培养质量，增强高等教育的人才培养对社会需求的质与量的敏感度和反应性，从而更好地建立与社会需求相适应的专业结构。

二 自主创业

（一）自主创业比例

1. 2015 届大学毕业生自主创业比例为 3.0%，比 2014 届（2.9%）略高，比 2013 届（2.3%）高 0.7 个百分点。2015 届高职高专毕业生自主创业比例（3.9%）高于本科毕业生（2.1%）。从近三届的趋势可以看出，大学毕业生自主创业的比例呈现上升趋势。

2. 2015 届高职高专毕业生自主创业比例最高的就业经济区域为中原区域经济体（5.1%），其次是泛长江三角洲区域经济体（4.9%）。

（二）创业人群分布

1. 2012 届大学生毕业半年后有 2.0% 的人自主创业（本科为 1.2%，高职高专为 2.9%），三年后有 5.7% 的人自主创业（本科为 3.7%，高职高专为 7.7%），说明有更多的毕业生在毕业三年内选择了自主创业。

2. 毕业半年后自主创业的 2012 届高职高专毕业生中有 47.5% 的人三年后还在继续自主创业，比 2011 届（48.9%）减少了 1.4 个百分点；有 48.4% 的人选择了受雇全职工作，比 2011 届（42.7%）增加了 5.7 个百分点。

（三）创业职业、行业分布

1. 2015 届高职高专生毕业半年后自主创业主要集中在销售类职业（16.5%）；2012 届高职高专生毕业三年后自主创业也主要集中在销售类职业（19.9%）。

2. 2015 届高职高专生毕业半年后自主创业主要集中在零售商业（13.2%）。2012 届高职高专生毕业三年后自主创业也主要集中在零售商业（16.3%）。

（四）自主创业月收入

1. 2015 届高职高专生毕业半年后自主创业人群的月收入为 4601 元，比 2015 届高职高专生毕业半年后平均月收入（3409 元）高 1192 元。

2. 2012 届高职高专生毕业半年后自主创业人群的月收入为 3757 元，在三年后为 7916 元，涨幅为 111%，明显高于 2012 届高职高专毕业生平均水平（半年后为 2731 元、三年后为 5020 元、涨幅为 84%）。

（五）自主创业动机

创业理想是 2015 届高职高专毕业生自主创业最重要的动力（46%），选择自主创业的毕业生中，绝大多数（86%）属于"机会型创业"①，只有 6% 属于"生存型创业"。

（六）自主创业资金来源

2015 届高职高专毕业生自主创业的资金主要依靠父母/亲友投资或借贷和个人积蓄（75%），而来自政府资助（3%）、商业性风险投资（3%）的比例均较小。

（七）自主创业风险

2015 届高职高专毕业生自主创业的主要风险因素为缺少资金（29%），

---

① 机会型创业指的是为了抓住和充分利用市场机会而进行的创业；生存型创业指的是创业者因找不到合适的工作而进行的创业。该理论由全球创业观察（Global Entrepreneurship Monitor）2001 年报告首次提出。其中，机会型创业包括：理想就是成为创业者、有好的创业项目、受他人邀请加入创业、未来收入好；生存型创业包括：未找到合适的工作。

其后是缺乏企业管理经验（25%）、市场推广困难（21%）。

（八）创新能力

2015届大学毕业生毕业时掌握的创新能力水平为54%（本科为55%，高职高专为53%），毕业生创新能力的满足度为83%（本科和高职高专均为83%）。

（九）创业教育

1. 2015届高职高专自主创业的毕业生认为对创业最有帮助的活动为"假期实习/课外兼职"（38%），其后为"大学的模拟创业活动，如创业大赛等"（17%）、"学校和政府提供的创业培训和咨询"（16%）等。

2. 2015届高职高专毕业生接受母校提供的创新创业教育课程主要是创业基础（能力素质培养）类（37%），其次是创业指导（实务操作）类（33%）；在毕业生参加的创新创业教育课程中，创新研究方法类（88%）和学科前沿知识类（85%）课程的有效性较高，但覆盖面较小（接受该类课程的比例分别为9%、8%）。

3. 2015届高职高专毕业生认为创新创业教育最需要改进的地方是"创新创业实践类活动不足"（51%），其后是"创新创业教育课程缺乏"（42%）、"教学方法不适用于创新创业教育"（34%）等。

三 专升本

（一）读本科的比例

2015届高职高专毕业生毕业后有4.7%选择了读本科，比2014届（4.2%）高0.5个百分点，比2013届（3.8%）高0.9个百分点，连续三届呈上升趋势。2015届高职高专毕业生读本科的比例最高的专业大类是文化教育大类（7.6%），最低的是资源开发与测绘大类（2.2%）。

（二）读本科的原因

2015届高职高专毕业生选择读本科的主要原因是职业发展需要（28%）、想去更好的大学（27%）和就业前景好（25%）。

四 未就业分析

（一）失业率

1. 2015 届大学生毕业半年后的失业率（8.3%）比 2014 届（7.9%）略高，比 2013 届（8.6%）略低。其中，本科院校 2015 届毕业生失业率（7.8%）比 2014 届（7.4%）略高，比 2013 届（8.2%）略低；高职高专院校 2015 届毕业生失业率（8.8%）比 2014 届（8.5%）略高，比 2013 届（9.1%）略低。从近三届的趋势可以看出，大学生毕业半年后失业率呈现平稳态势。

2. 2015 届高职高专毕业生失业率最高的专业为语文教育（16.7%），其次为法律事务（16.0%）。

（二）未就业人群分布

在 2015 届大学毕业生的未就业人群中，大多数毕业生还在继续找工作。本科院校处于未就业状态的毕业生（6.6%）中有 27% 为"待定族"（不求学不求职），高职高专院校处于未就业状态的毕业生（8.4%）中有 40% 为"待定族"。

（三）未就业人群打算

在 2015 届本科院校毕业半年后的"待定族"中，有 28% 的毕业生在准备公务员考试，有 11% 的毕业生准备创业。在高职高专院校毕业半年后的"待定族"中，有 20% 的毕业生准备创业，有 10% 的毕业生在准备公务员考试。

分报告二　中期职业发展报告

一　职位晋升

（一）职位晋升比例和次数

1. 2012 届大学生毕业三年内有 56% 的人获得职位晋升，与 2011 届

（57%）基本持平。其中，本科毕业生这一比例为53%，低于高职高专毕业生的晋升比例（59%），均与2011届（本科为54%，高职高专为60%）基本持平。

2. 2012届大学生毕业三年内平均获得职位晋升0.9次，与2011届（0.9次）持平。其中，本科毕业生为0.8次，略低于高职高专毕业生（1.0次），均与2011届（本科为0.8次，高职高专为1.0次）持平。2012届高职高专生毕业三年内有30%获得过1次晋升，有10%获得过3次及以上的晋升。

3. 2012届高职高专旅游大类毕业生毕业三年内获得职位晋升的比例最高（66%）、晋升的次数最多（1.2次），医药卫生大类最低（44%）、晋升的次数最少（0.6次）。

4. 2012届从事"经营管理"职业类的高职高专毕业生毕业三年内获得职位晋升的比例最高（87%）、晋升的次数最多（2.1次）；从事"公安/检察/法院/经济执法"职业类的毕业生职位晋升的比例最低（35%）、晋升次数最少（0.4次），其次是"医疗保健/紧急救助"（36%）。

5. 2012届在"住宿和饮食业"就业的高职高专毕业生毕业三年内获得职位晋升的比例最高（77%）、晋升的次数最多（1.7次），其次是"艺术、娱乐和休闲业"（72%）；在"政府及公共管理"就业的毕业生职位晋升的比例最低（37%）、晋升的次数最少（0.4次），其次是"医疗和社会护理服务业"（42%）。

（二）职位晋升的类型和水平

2012届高职高专毕业生职位晋升的类型主要是薪资的增加（73%）、工作职责的增加（68%）。2012届高职高专生毕业三年后职位晋升的水平主要是"经验操作到过程管理"（38%），其次是"技术技能新手到熟手"（22%）。

（三）对职位晋升有帮助的大学活动

2012届高职高专毕业生认为对职位晋升有帮助的大学活动主要是假期实习/课外兼职（31%），其后是课外自学的知识和技能（含培训）（30%）、扩大社会人脉关系（29%）、课堂上所学的知识和技能（28%）等。

二 薪资增长

(一) 总体月收入与涨幅

1. 2012届大学生毕业三年后平均月收入为5696元（本科为6371元，高职高专为5020元）。2012届大学生毕业半年后的月收入为3048元（本科为3366元，高职高专为2731元），三年来月收入增长2648元，涨幅为87%。其中，本科增长3005元，涨幅为89%；高职高专增长2289元，涨幅为84%。

2. 2012届高职高专生毕业三年后有6.7%的人月收入在10000元及以上，有13.3%的人月收入在3000元以下。

3. 2012届本科生毕业三年后学历提升为硕士的比例为15.8%，高职高专生毕业三年后学历提升为本科的比例为31.6%。2012届大学毕业生毕业三年后学历提升人群的月收入为5547元，略低于学历未提升人群的月收入（5741元）。其中，本科毕业三年后学历为硕士人群的月收入为6206元，学历仍然为本科人群的月收入为6402元。高职高专毕业三年后学历为本科人群的月收入为4888元，学历仍然为高职高专人群的月收入为5080元。学历提升人群可能因毕业时间短还不能展示学历提升带来的更大的教育回报。

(二) 主要专业的月收入与涨幅

2012届高职高专专业大类中三年后月收入最高的是电子信息大类，为5724元，高出该专业大类半年后月收入（2908元）2816元；三年后月收入最低的是文化教育大类，为4470元，高出该专业大类半年后月收入（2511元）1959元。

(三) 主要职业的月收入与涨幅

2012届高职高专生毕业三年后从事"经营管理"职业类的三年后月收入最高，为6678元，高出半年后从事该职业类的高职高专毕业生月收入（3088元）3590元，涨幅为116%；三年后月收入最低的是从事"中小学教育"职业类的高职高专毕业生，为3561元，高出半年后从事该职业类的高

职高专毕业生月收入（2061元）1500元。

（四）主要行业的月收入与涨幅

2012届高职高专生毕业三年后在"金融（银行/保险/证券）业"就业的月收入最高，为6147元，高出半年后在该行业类就业的毕业生月收入（3170元）2977元；三年后月收入最低的是就业于"政府及公共管理"的高职高专毕业生，为3941元，高出半年后在该行业类就业的毕业生月收入（2302元）1639元。

（五）各用人单位类型的月收入与涨幅

1. 2012届高职高专生毕业三年后在"中外合资/外资/独资"就业的三年后月收入最高（5308元）；而在"民营企业/个体"就业的三年后月收入涨幅最大，为96%。

2. 2012届高职高专生毕业三年后在3000人以上规模的大型用人单位就业的月收入最高（5465元）。

（六）各经济区域的月收入与涨幅

2012届高职高专生毕业三年后在泛长江三角洲区域经济体就业的三年后月收入最高（5628元），增长2779元，涨幅为98%；在东北区域经济体就业的高职高专生毕业三年后月收入最低（4454元），增长2062元，涨幅为86%。

三　职业变迁

（一）去向分布

2012届大学生毕业三年后有87.1%受雇全职工作（本科为88.6%，高职高专为85.6%），5.7%的人自主创业（本科为3.7%，高职高专为7.7%），2.7%的人正在读研（本科为5.0%，高职高专为0.5%），2.2%的人"无工作，继续寻找工作"（本科为1.5%，高职高专为2.8%），还有2.1%的人无工作，且既没有求职也没有求学（本科为1.2%，高职高专为3.0%），有0.4%的高职高专毕业生正在读本科。

（二）职业转换

1. 有40%的2012届大学生毕业三年内转换了职业（本科为31%，高职高专为49%），与2011届三年内该指标（41%）基本持平。

2. 在2012届高职高专主要专业大类中，旅游大类的职业转换率最高（67%），其次是农林牧渔大类（61%）；医药卫生大类的职业转换率最低（29%）。

3. 在2012届高职高专生毕业三年内转换过的职业类中，被转入最多的职业是"销售"（11.9%），其次是"行政/后勤"（8.0%）。

（三）行业转换

1. 有46%的2012届大学生在毕业三年内转换了行业（本科为39%，高职高专为54%），比2011届三年内该指标（48%）略低。

2. 在2012届高职高专主要专业大类中，旅游大类的毕业生毕业三年内的行业转换率最高（65%），医药卫生大类的行业转换率最低（29%）。

3. 2012届高职高专生毕业三年内转换行业中被转入最多的行业类是"零售商业"（8.7%），其次为"建筑业"（8.6%）。

（四）工作与专业相关度

1. 2012届大学生毕业三年后工作与专业相关度为61%，比2012届半年后（65%）低4个百分点，与2011届三年后（61%）持平。其中，本科毕业三年后工作与专业相关度为66%，比半年后（69%）低3个百分点；高职高专毕业三年后工作与专业相关度为56%，比半年后（62%）低6个百分点。

2. 在高职高专专业大类中，毕业三年后工作与专业相关度最高的是医药卫生大类（86%），最低的是旅游大类（36%）。

（五）雇主数

1. 2012届大学毕业生毕业三年内平均为2.2个雇主工作过，与2011届（2.3个）基本持平。其中本科毕业生的平均雇主数为1.9个，低于高职高专毕业生的平均雇主数（2.5个）。

2. 2012届高职高专广播影视类和艺术设计类毕业生毕业三年内平均雇主数最多（均为2.9个），护理类毕业生平均雇主数最少（1.6个）。

3. 高职高专毕业生更换雇主较频繁，仅有23%的高职高专生毕业三年

内一直为 1 个雇主工作，而雇主数为 4 个及以上的高职高专毕业生达到 18%。在 2012 届高职高专毕业生中，毕业三年内一直为 1 个雇主工作的毕业生月收入最高（5293 元）。工作过的雇主数越多，其月收入反而越低。

四 就业满意度

（一）总体就业满意度

2012 届大学生毕业三年后的就业满意度为 57%，即在就业的毕业生中，有 57% 对自己的就业现状表示满意（本科为 60%，高职高专为 54%），比 2011 届该指标（50%）增长了 7 个百分点。

（二）主要专业的就业满意度

2012 届高职高专生毕业三年后就业满意度最高的专业大类是文化教育大类（59%），就业满意度最低的专业大类是制造大类（48%）。

（三）主要职业的就业满意度

2012 届高职高专生毕业三年后就业满意度最高的职业类是"中小学教育"（67%），就业满意度最低的职业类是"矿山/石油"（40%）。

（四）主要行业的就业满意度

2012 届高职高专生毕业三年后就业满意度最高的行业类是"金融（银行/保险/证券）业"（62%），就业满意度最低的行业类是"矿业"（41%）。

（五）各用人单位类型的就业满意度

2012 届高职高专生毕业三年后就业满意度最高的用人单位类型是"政府机构/科研或其他事业单位"（63%），就业满意度最低的用人单位类型是"民营企业/个体"（51%）。

分报告三 培养质量报告

一 总体满意度

（一）对母校总体满意度

1. 2015 届大学毕业生对母校的总体满意度为 89%，比 2014 届（88%）略高，比2013届（86%）高3个百分点。其中，本科院校总体满意度为91%，比2014届（89%）高2个百分点，比2013届（87%）高4个百分点；高职高专院校总体满意度为88%，比2014届（87%）略高，比2013届（85%）高3个百分点。从近三届的趋势可以看出，大学毕业生对母校的总体满意度呈现上升趋势。

2. 泛长江三角洲区域经济体的2015届高职高专毕业生对母校的总体满意度最高（90%）。

3. 2015届大学毕业生对母校学生工作的满意度为82%，与2014届（81%）基本持平。其中，本科院校2015届毕业生对母校学生工作的满意度为82%，比2014届（80%）高2个百分点；高职高专院校2015届毕业生对母校学生工作的满意度为82%，与2014届（81%）基本持平。

4. 2015届高职高专毕业生认为母校的学生工作需要改进的地方是"与辅导员或班主任接触时间太少"（48%），其后是"学生社团活动组织不够好"（41%）、"解决学生问题不及时"（35%）。

5. 2015届大学毕业生对母校生活服务的满意度为83%，比2014届（81%）高2个百分点。其中，本科院校2015届毕业生对母校生活服务的满意度为85%，比2014届（82%）高3个百分点；高职高专院校2015届毕业生对母校生活服务的满意度为82%，比2014届（80%）高2个百分点。

6. 2015届高职高专毕业生认为母校的生活服务需要改进的地方是"食堂饭菜质量及服务不够好"（44%），其后是"学校洗浴服务不够好"（38%）、"宿舍服务不够好"（38%）、"学校医院或医务室服务不够好"（32%）、"教室设备与服务不够好"（31%）。

（二）对母校的推荐度

2015届大学毕业生对母校的推荐度为65%，比2014届（63%）高2个百分点，比2013届（60%）高5个百分点。其中，本科院校毕业生对母校的推荐度为67%，比2014届（64%）高3个百分点，比2013届（61%）高6个百分点；高职高专院校为63%，比2014届（61%）高2个百分点，比2013届（58%）高5个百分点。从近三届的趋势可以看出，大学毕业生对母校的推荐度呈现上升趋势。

二 教学满意度

（一）教学满意度

2015届大学毕业生对母校教学的满意度为86%，与2014届（85%）基本持平。其中，本科院校2015届毕业生对母校教学的满意度为85%，比2014届（83%）高2个百分点；高职高专院校2015届毕业生对母校教学的满意度为87%，与2014届（86%）基本持平。

（二）教学需改进的方面

2015届高职高专毕业生认为母校的教学最需要改进的地方为"实习和实践环节不够"（62%），其次为"无法调动学生学习兴趣"（49%）。

（三）核心课程评价

1. 2015届毕业生的核心课程重要度评价为80%，其中本科为78%，高职高专为81%。2015届毕业生的核心课程满足度评价为69%，其中本科为69%，高职高专为70%。

2. 在2015届高职高专主要专业大类中，医药卫生大类核心课程的重要度评价最高（95%），其满足度也最高（79%）。

（四）师生交流频度

1. 2015届大学毕业生中有47%的毕业生与任课教师"每周至少一次"或"每月至少一次"课下交流。其中，本科毕业生中有19%的毕业生与任课教师"每周至少一次"课下交流，低于高职高专毕业生（30%）。

2. 在2015届高职高专主要专业大类中，与任课教师"每周至少一次"或"每月至少一次"课下交流程度较高的是艺术设计传媒大类（65%），最低的是医药卫生大类（45%）。

三 能力、知识和素养提升

（一）基本工作能力评价

2015届大学毕业生毕业时掌握的基本工作能力水平为53%（其中本科为54%，高职高专为52%），基本工作能力的满足度为82%。2015届高职高专毕业生认为在理解交流能力中最重要的是有效的口头沟通能力（重要度为71%），其满足度为84%；科学思维能力中最重要的是科学分析能力（重要度为60%），其满足度为83%；管理能力中最重要的是说服他人能力（重要度为73%），其满足度为75%；应用分析能力中最重要的是新产品构思能力（重要度为67%），其满足度为80%；动手能力中最重要的是电脑编程能力（重要度为77%），其满足度为63%。

（二）核心知识评价

2015届大学毕业生毕业时掌握的核心知识水平为49%（其中本科为50%，高职高专为49%），核心知识的满足度为81%。2015届高职高专毕业生认为最重要的核心知识是销售与营销知识（重要度为66%），其满足度较低（76%）。

（三）社团活动评价

2015届高职高专毕业生在校期间参与度最高的社团活动为"公益类"（26%），其次为"体育户外类"（19%）。有28%的高职高专毕业生没有参加任何社团活动。在对参加的各类社团活动进行评价时，2015届高职高专毕业生满意度最高的活动为"公益类"（88%）。

（四）在校素养提升

1. 2015届高职高专工程类专业毕业生认为在校期间大学对自己素养提升较高的方面为"人生的乐观态度"（63%）、"团队合作"（62%）、"积极努力、追求上进"（61%）；此外，还有5%的高职高专工程类专业毕业生认为大学对素养的提升没有任何帮助。

2. 2015届高职高专艺术类专业毕业生认为在校期间大学对自己素养提升较高的方面为"艺术修养"（67%）、"人生的乐观态度"（60%）、"积极努力、追求上进"（58%）；此外，还有6%的高职高专艺术类专业毕业生认为大学对素养的提升没有任何帮助。

3. 2015届高职高专医学类专业毕业生认为在校期间大学对自己素养提升较高的方面为"健康卫生"（64%）、"职业道德"（63%）、"积极努力、追求上进"（60%）、"人生的乐观态度"（57%）；此外，还有2%的高职高专医学类专业毕业生认为大学对素养的提升没有任何帮助。

4. 2015届高职高专其他类专业毕业生认为在校期间大学对自己素养提升较高的方面为"人生的乐观态度"（66%）、"积极努力、追求上进"（65%）；此外，还有4%的高职高专其他类专业毕业生认为大学对素养的提升没有任何帮助。

（五）职业能力评价

2012届高职高专生毕业三年后认为职场中持续学习能力最重要（83%），其后是自我定位能力（70%）、职业规划能力（64%）、资源掌控能力（56%）。

（六）职业素养评价

2012届高职高专生毕业三年后认为职场中环境适应能力最重要（78%），其后是压力承受能力（77%）、协作解决问题能力（74%）、责任约束感（64%）、信息获取和选择能力（60%）等。

分报告一 应届就业报告

一 毕业去向

（一）总体毕业去向分布

大学毕业生：本科院校、高职高专院校的毕业生。

毕业半年后：2015 届毕业生毕业第二年（即 2016 年）的 1 月左右。麦可思在此时展开调查，收集数据。此时毕业生的就业状况趋于稳定，有工作经历的毕业生也能够评估工作对自己知识、能力的要求水平。

毕业去向分布：麦可思将中国本科毕业生的毕业状况分为十类：受雇全职工作；受雇半职工作；自主创业；毕业后入伍；正在国内读研；正在港澳台地区及国外读研；无工作，准备国内读研；无工作，准备到港澳台地区及国外读研；无工作，继续寻找工作；无工作，其他。同理将中国高职高专毕业生的毕业状况分为七类：受雇全职工作；受雇半职工作；自主创业；毕业后入伍；毕业后读本科；无工作，继续寻找工作；无工作，其他。其中，受雇全职工作指平均每周工作 32 小时或以上，受雇半职工作指平均每周工作20 小时到 31 小时。

已就业人群：包括"受雇全职工作""受雇半职工作""自主创业""毕业后入伍"四类人群。

图 1－1－1 是 2015 届大学生毕业半年后的去向分布。可以看出，在2015 届大学毕业生中，有 78.9% 的人毕业半年后受雇全职或半职工作，3.0% 的人自主创业，0.5% 的人入伍；有 10.1% 的人升学，其中 6.8% 正在国内读研，1.0% 正在港澳台及国外读研，2.3% 正在读本科；有 7.5% 的人处于失业状态，其中 1.0% 准备国内外读研，3.9% 准备继续寻找工作，还有 2.6% 放弃了继续求职和求学。

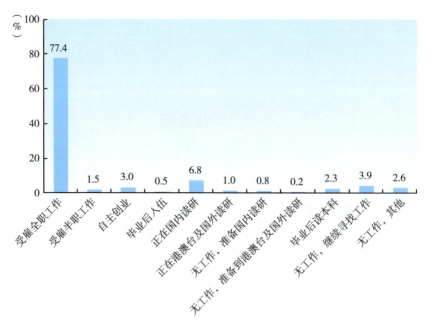

图 1－1－1　2015 届大学生毕业半年后的去向分布

数据来源：麦可思－中国 2015 届大学毕业生培养质量跟踪评价。

图 1－1－2 是 2013～2015 届大学生毕业半年后的去向分布变化。可以看出，2015 届大学生毕业半年后"受雇全职工作"的比例（77.4%）与 2014 届、2013 届（分别为 79.2%、80.6%）相比有所下降；"自主创业"的比例（3.0%）、正在读研/读本科的比例（10.1%）与 2014 届、2013 届（"自主创业"分别为 2.9%、2.3%，正在读研/读本科分别为 8.9%、8.0%）相比有所提升；而"无工作，继续寻找工作"的比例（3.9%）略高于 2014 届（3.7%），与 2013 届（4.7%）相比有所下降。

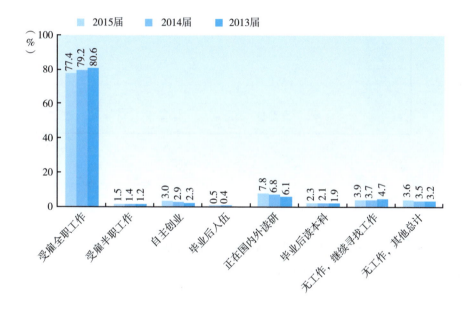

图 1－1－2　2013～2015 届大学生毕业半年后的去向分布变化*

* "毕业后入伍"是 2014 届新增选项。
数据来源：麦可思－中国 2013～2015 届大学毕业生培养质量跟踪评价。

（二）高职高专院校毕业生去向分布

图 1－1－3 是 2013～2015 届高职高专院校毕业生毕业半年后的去向分布变化。可以看出，2015 届高职高专毕业生毕业半年后"受雇全职工作"的比例（80.5%）与 2014 届、2013 届（分别为 81.7%、82.5%）相比有

所下降，连续三届呈下降趋势；"自主创业"的比例（3.9%）与 2014 届、2013 届（分别为 3.8%、3.3%）相比有所提升，连续三届呈上升趋势；"毕业后读本科"的比例（4.7%）与 2014 届、2013 届（分别为 4.2%、3.8%）相比有所提升，连续三届呈上升趋势。

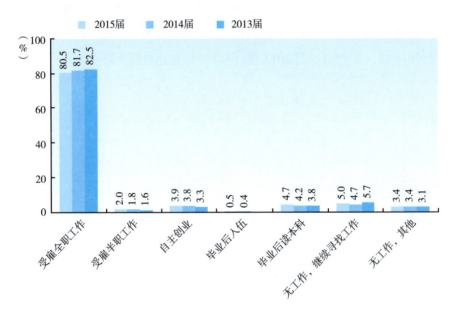

图 1-1-3　2013～2015 届高职高专院校毕业生毕业半年后的去向分布变化 *

　　＊ "毕业后入伍"是 2014 届新增选项。

　　数据来源：麦可思－中国 2013～2015 届大学毕业生培养质量跟踪评价。

（三）就业地分布

就业地：指大学毕业生在接受调查时的就业所在地区。

经济区域：本研究把中国内地 31 个省、自治区和直辖市分为八个经济体系区域。

　　a. 东北区域经济体：包括黑龙江、吉林、辽宁；

　　b. 泛渤海湾区域经济体：包括北京、天津、山东、河北、内蒙古、山西；

c. 陕甘宁青区域经济体：包括陕西、甘肃、宁夏、青海；

d. 中原区域经济体：包括河南、湖北、湖南；

e. 泛长江三角洲区域经济体：包括上海、江苏、浙江、江西、安徽；

f. 泛珠江三角洲区域经济体：包括广东、广西、福建、海南；

g. 西南区域经济体：包括重庆、四川、贵州、云南；

h. 西部生态经济区：包括西藏、新疆。

图1-1-4是2015届高职高专毕业生就业地的分布。可以看出，2015届高职高专生毕业半年后就业区域主要集中在泛渤海湾区域（包括北京、天津、山东、河北、内蒙古、山西），占22.7%；泛珠江三角洲区域（包括广东、广西、福建、海南），占21.2%；泛长江三角洲区域（包括上海、江苏、浙江、江西、安徽），占21.1%。

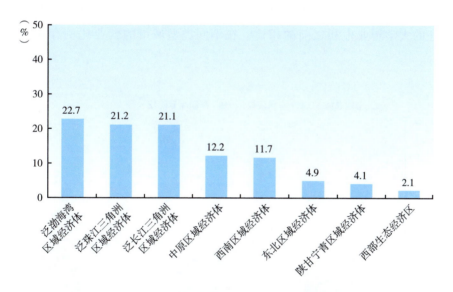

图1-1-4 2015届高职高专毕业生就业地的分布

数据来源：麦可思-中国2015届大学毕业生培养质量跟踪评价。

（四）就业城市类型

城市类型：本研究按行政级别把中国内地城市分为以下三种类型。

a. 直辖市：包括北京、上海、天津、重庆。

b. 副省级城市：包括哈尔滨、长春、沈阳、大连、济南、青岛、南京、杭州、宁波、厦门、广州、深圳、武汉、成都、西安15个城市。部分省会城市不属于副省级城市。

c. 地级城市及以下：如绵阳、保定、苏州等，也包括省会城市如福州、银川等以及地级市下属的县、乡等。

图1-1-5是2015届大学毕业生就业城市类型分布。可以看出，2015届大学生毕业半年后有17%在直辖市就业，28%在副省级城市就业，55%在地级城市及以下就业。其中本科毕业生比高职高专毕业生在直辖市就业的比例高7个百分点（分别为21%和14%）。

图1-1-6是2013~2015届大学毕业生就业城市类型分布变化。可以看出，大学生连续三届就业的城市类型分布比较稳定，没有数据表明现在的大学毕业生和之前的相比，在不同类型城市的就业比例存在明显差异。

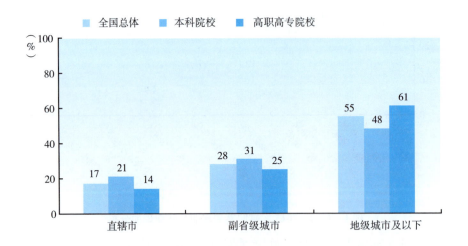

图1-1-5　2015届大学毕业生就业城市类型分布

数据来源：麦可思-中国2015届大学毕业生培养质量跟踪评价。

图 1 - 1 - 6　2013 ~ 2015 届大学毕业生就业城市类型分布变化

数据来源：麦可思 - 中国 2013 ~ 2015 届大学毕业生培养质量跟踪评价。

二　就业数量

（一）总体就业率

就业率： 本科毕业生的就业率 = 已就业本科毕业生数/需就业的总本科毕业生数；需要注意的是，按劳动经济学的就业率定义，已就业人数不包括国内外读研人数，需就业的总毕业生数也不包括国内外读研的人数；政府教育机构统计的就业率通常包括国内外读研人数，也就是本报告中的非失业率。高职高专毕业生的就业率 = 已就业高职高专毕业生数/需就业的总高职高专毕业生数；其中，已就业人数不包括读本科人数，需就业的总毕业生数也不包括读本科人数。

图 1 - 1 - 7 是 2013 ~ 2015 届大学生毕业半年后的就业率变化趋势。可以看出，2015 届大学生毕业半年后的就业率（91.7%）比 2014 届（92.1%）略低，比 2013 届（91.4%）略高。其中，本科院校 2015 届毕业生毕业半年后的就业率为 92.2%，比 2014 届（92.6%）略低，比 2013 届

（91.8%）略高；高职高专院校 2015 届毕业生毕业半年后的就业率为
91.2%，比 2014 届（91.5%）略低，比 2013 届（90.9%）略高。从近三
届的趋势可以看出，大学生毕业半年后就业率呈现平稳态势。

图 1－1－7　2013～2015 届大学生毕业半年后的就业率变化趋势

数据来源：麦可思－中国 2013～2015 届大学毕业生培养质量跟踪评价。

　　表 1－1－1 是 2013～2015 届各经济区域高职高专生毕业半年后的就业
率变化趋势。可以看出，2015 届泛珠江三角洲区域经济体高职高专院校毕
业生毕业半年后的就业率最高（93.7%），陕甘宁青区域经济体最低
（86.3%）。

表 1－1－1　2013～2015 届各经济区域高职高专生毕业半年后的就业率变化趋势[*]

单位：%

经济区域	高职高专院校毕业生毕业半年后的就业率		
	2015 届	2014 届	2013 届
泛珠江三角洲区域经济体	93.7	92.7	91.3
泛长江三角洲区域经济体	93.3	92.5	91.9
中原区域经济体	91.8	91.9	90.6
泛渤海湾区域经济体	90.9	91.4	90.7
西南区域经济体	88.9	90.5	90.0

续表

经济区域	高职高专院校毕业生毕业半年后的就业率		
	2015 届	2014 届	2013 届
东北区域经济体	88.3	89.0	88.3
西部生态经济区	86.6	87.5	—
陕甘宁青区域经济体	86.3	88.4	90.2
全国高职高专	**91.2**	**91.5**	**90.9**

* 西部生态经济区 2013 届因为样本较少，没有包括在内。

数据来源：麦可思 – 中国 2013 ~ 2015 届大学毕业生培养质量跟踪评价。

（二）专业分析

专业大类：按照教育部的专业目录以及学校新增的专业，本次调查覆盖了高职高专院校所开设的专业大类 18 个。

专业类：按照教育部的专业目录以及学校新增的专业，本次调查覆盖了高职高专院校所开设的专业类 74 个。

专业：按照教育部的专业目录以及学校新增的专业，本次调查覆盖了高职高专院校所开设的专业 599 个。

表 1 – 1 – 2 是 2013 ~ 2015 届高职高专主要专业大类毕业生毕业半年后的就业率变化趋势。可以看出，2015 届高职高专生毕业半年后就业率最高的专业大类是生化与药品大类（93.5%），最低的是资源开发与测绘大类（87.4%）。从三届的就业率变化趋势可以看出，高职高专专业大类中的生化与药品大类、交通运输大类、文化教育大类、艺术设计传媒大类毕业生毕业半年后的就业率持续上升。

表 1 – 1 – 2 **2013 ~ 2015 届高职高专主要专业大类毕业生毕业半年后的就业率变化趋势***

单位：%

高职高专专业大类名称	2015 届	2014 届	2013 届
生化与药品大类	93.5	92.2	91.3
轻纺食品大类	92.9	91.6	91.8
环保、气象与安全大类	92.7	88.4	—
公共事业大类	92.6	92.4	—

续表

高职高专专业大类名称	2015 届	2014 届	2013 届
材料与能源大类	92.2	92.7	92.1
交通运输大类	92.1	92.0	89.8
制造大类	92.0	92.5	91.8
财经大类	91.7	92.4	91.0
文化教育大类	91.5	91.4	89.2
电子信息大类	91.3	91.5	90.6
土建大类	91.2	91.7	90.7
农林牧渔大类	90.4	89.0	—
艺术设计传媒大类	90.2	89.7	88.3
医药卫生大类	90.1	91.2	90.5
旅游大类	89.8	90.5	88.3
资源开发与测绘大类	87.4	87.3	—
全国高职高专	**91.2**	**91.5**	**90.9**

＊个别专业大类因为样本较少，没有包括在内。

数据来源：麦可思－中国 2013～2015 届大学毕业生培养质量跟踪评价。

表 1－1－3 是 2013～2015 届高职高专主要专业类毕业生毕业半年后的就业率变化趋势。可以看出，2015 届高职高专生毕业半年后就业率最高的专业类是城市轨道运输类、港口运输类、公共管理类（均为 94.4%），最低的是法律实务类（86.7%）。

表 1－1－3　2013～2015 届高职高专主要专业类毕业生毕业半年后的就业率变化趋势＊

单位：%

高职高专专业类名称	2015 届	2014 届	2013 届
城市轨道运输类	94.4	94.2	—
港口运输类	94.4	92.8	91.0
公共管理类	94.4	92.9	89.4
食品药品管理类	94.1	92.1	—
电力技术类	94.0	94.0	93.8
通信类	93.9	93.7	91.8
经济贸易类	93.5	92.0	91.1
制药技术类	93.5	92.4	91.7
语言文化类	93.2	91.7	90.7
化工技术类	93.2	92.5	90.6

续表

高职高专专业类名称	2015 届	2014 届	2013 届
药学类	93.1	93.2	—
医学技术类	92.9	93.9	—
房地产类	92.7	90.3	91.5
公共事业类	92.7	90.3	92.4
建筑设计类	92.6	92.3	90.9
林业技术类	92.6	91.9	89.5
市场营销类	92.5	92.7	91.1
纺织服装类	92.5	91.8	90.7
机电设备类	92.3	91.6	93.0
自动化类	92.2	92.3	92.0
机械设计制造类	92.2	92.3	91.7
汽车类	92.1	92.1	91.1
财政金融类	92.0	89.4	90.6
电子信息类	91.6	91.7	91.6
工商管理类	91.6	91.4	91.5
建筑设备类	91.5	91.7	93.3
财务会计类	91.4	92.2	90.8
环保类	91.3	91.2	90.6
艺术设计类	91.1	90.5	89.1
生物技术类	91.0	91.6	89.7
食品类	90.9	91.0	92.4
水上运输类	90.9	90.2	85.7
农业技术类	90.9	91.2	90.1
能源类	90.6	92.5	92.8
计算机类	90.6	91.0	89.8
护理类	90.3	92.8	91.7
工程管理类	90.2	90.4	91.0
材料类	90.1	88.6	91.6
测绘类	89.8	90.3	92.8
公路运输类	89.8	90.0	92.1
旅游管理类	89.7	90.3	89.0
教育类	89.7	90.2	88.4
畜牧兽医类	89.6	86.6	87.9
土建施工类	89.0	89.4	90.1
广播影视类	88.4	89.1	86.0
法律实务类	86.7	87.8	85.2
全国高职高专	**91.2**	**91.5**	**90.9**

＊个别专业类因为样本较少，没有包括在内。

数据来源：麦可思－中国 2013～2015 届大学毕业生培养质量跟踪评价。

表 1-1-4　2015 届高职高专生毕业半年后就业量最大的前 50 位专业的就业率变化趋势

单位：%

高职高专就业量最大的前 50 位专业名称	2015 届	2014 届	2013 届
学前教育	95.1	94.3	97.5
商务英语	94.5	93.2	91.0
建筑装饰工程技术	94.2	92.5	91.2
文秘	93.6	92.7	91.1
应用化工技术	93.6	91.6	92.3
通信技术	93.5	94.4	92.4
室内设计技术	93.3	93.1	89.1
汽车技术服务与营销	93.3	94.1	92.6
营销与策划	93.2	92.1	93.6
数控技术	93.2	91.6	91.5
模具设计与制造	93.2	92.3	91.0
应用英语	93.2	91.7	90.1
市场营销	93.1	93.1	92.4
药学	93.0	94.2	96.1
汽车运用技术	92.9	91.5	92.8
环境艺术设计	92.8	91.6	87.9
临床医学	92.5	95.7	96.6
电子商务	92.3	92.4	90.7
园林技术	92.2	91.4	89.4
汽车检测与维修技术	92.0	91.6	92.9
机电一体化技术	91.9	91.6	93.1
会计	91.9	92.5	93.7
汽车电子技术	91.9	90.7	90.7
财务管理	91.8	91.0	89.5
电气自动化技术	91.7	93.1	93.2
会计与审计	91.7	92.2	89.2
物流管理	91.7	91.5	91.8
国际经济与贸易	91.6	89.9	89.7
应用电子技术	91.6	93.0	91.9
金融管理与实务	91.5	90.1	90.2
软件技术	91.4	91.7	90.2
酒店管理	91.2	90.1	88.1
机械制造与自动化	91.2	92.4	93.7
连锁经营管理	91.1	90.0	89.4
电子信息工程技术	90.9	90.7	92.1

续表

高职高专就业量最大的前50位专业名称	2015 届	2014 届	2013 届
会计电算化	90.9	91.9	89.1
工商企业管理	90.8	91.0	89.3
动漫设计与制作	90.7	90.1	88.0
工程测量技术	90.7	90.2	89.5
工程造价	90.5	90.9	91.7
艺术设计	90.5	89.2	85.1
计算机应用技术	90.3	91.1	89.9
广告设计与制作	90.3	89.6	89.1
护理	90.1	92.6	89.0
计算机网络技术	89.8	91.0	91.0
道路桥梁工程技术	89.6	90.9	92.7
建筑工程管理	89.1	90.1	90.0
建筑工程技术	88.8	90.3	90.7
旅游管理	88.3	90.9	89.8
初等教育	84.1	86.0	89.4
全国高职高专	**91.2**	**91.5**	**90.9**

数据来源：麦可思－中国 2013~2015 届大学毕业生培养质量跟踪评价。

表 1-1-5 是 2015 届高职高专生毕业半年后就业率排前 50 位的主要专业。可以看出，2015 届高职高专生毕业半年后就业率前三位的专业是电力系统自动化技术（98.6%）、铁道工程技术（97.8%）、电力系统继电保护与自动化（96.0%）。

表 1-1-5　2015 届高职高专生毕业半年后就业率排前 50 位的主要专业*

单位：%

高职高专就业率排前50位的专业名称	就业率	高职高专就业率排前50位的专业名称	就业率
电力系统自动化技术	98.6	文秘	93.6
铁道工程技术	97.8	计算机辅助设计与制造	93.6
电力系统继电保护与自动化	96.0	产品造型设计	93.6
多媒体设计与制作	95.8	应用化工技术	93.6
城市轨道交通运营管理	95.3	通信技术	93.5
学前教育	95.1	室内设计技术	93.3

续表

高职高专就业率排前 50 位的专业名称	就业率	高职高专就业率排前 50 位的专业名称	就业率
国际贸易实务	95.0	汽车技术服务与营销	93.3
社会体育	95.0	报关与国际货运	93.3
工业分析与检验	94.7	营销与策划	93.2
经济信息管理	94.7	数控技术	93.2
人力资源管理	94.7	模具设计与制造	93.2
金融与证券	94.7	应用英语	93.2
医学检验技术	94.6	汽车制造与装配技术	93.1
商务英语	94.5	高压输配电线路施工运行与维护	93.1
房地产经营与估价	94.5	市场营销	93.1
供用电技术	94.3	旅游英语	93.0
生物制药技术	94.2	药学	93.0
建筑装饰工程技术	94.2	汽车运用技术	92.9
水利水电建筑工程	94.2	商务日语	92.9
移动通信技术	94.0	视觉传达	92.8
供热通风与空调工程技术	94.0	环境艺术设计	92.8
中药	94.0	给排水工程技术	92.8
助产	93.9	社区管理与服务	92.8
发电厂及电力系统	93.9	生产过程自动化技术	92.7
国际商务	93.7	**全国高职高专**	**91.2**
精细化学品生产技术	93.7		

＊毕业生规模过小的专业不包括在此排序中。
数据来源：麦可思－中国 2015 届大学毕业生培养质量跟踪评价。

（三）职业分析

职业：根据麦可思中国职业分类体系，本次调查覆盖了高职高专毕业生能够从事的 542 个职业。

本节各表中的"就业比例" ＝在某类职业中就业的毕业生人数/全国同届次毕业生就业总数。

表 1－1－6 是 2013～2015 届高职高专毕业生从事的主要职业类排名。可以看出，2015 届高职高专生毕业半年后从事最多的职业类是"财务/审计/税务/统计"，就业比例为 10.8%，其次是"销售"（10.6%）。与 2013 届

相比，2015 届高职高专毕业生就业比例增加较多的职业类为"互联网开发及应用"（增加 2.4 个百分点）、"医疗保健/紧急救助"（增加 2.2 个百分点）；就业比例降低最多的职业类为"机械/仪器仪表"，降低了 1.9 个百分点。

从三届的就业趋势可以看出，在就业比例排名前十位的职业类中，高职高专毕业生从事"互联网开发及应用"职业类的比例逐届增加，从事"机械/仪器仪表"和"电气/电子（不包括计算机）"职业类的比例逐届降低。

表 1–1–6　2013~2015 届高职高专毕业生从事的主要职业类排名*

单位：%

高职高专毕业生从事的职业类名称	就业比例			
	2015 届	2014 届	2013 届	2015 – 2013 届**
财务/审计/税务/统计	10.8	10.8	12.5	– 1.7
销售	10.6	11.0	10.3	0.3
建筑工程	7.8	8.6	7.3	0.5
行政/后勤	7.0	7.0	7.2	– 0.2
医疗保健/紧急救助	6.3	6.5	4.1	2.2
互联网开发及应用	4.3	3.2	1.9	2.4
金融(银行/基金/证券/期货/理财)	4.2	2.9	3.0	1.2
机械/仪器仪表	3.2	4.7	5.1	– 1.9
电气/电子(不包括计算机)	3.2	3.7	4.0	– 0.8
美术/设计/创意	3.2	2.5	2.6	0.6
计算机与数据处理	3.0	2.8	3.6	– 0.6
餐饮/娱乐	2.9	2.6	2.1	0.8
机动车机械/电子	2.3	3.3	3.0	– 0.7
房地产经营	2.0	2.0	2.8	– 0.8
交通运输/邮电	1.9	2.7	3.4	– 1.5
保险	1.8	1.6	1.4	0.4
中小学教育	1.7	1.2	0.7	1.0
物流/采购	1.7	1.9	2.0	– 0.3
酒店/旅游/会展	1.7	1.4	1.4	0.3
电力/能源	1.6	2.2	2.2	– 0.6
生产/运营	1.6	1.9	1.5	0.1
生物/化工	1.6	1.2	1.5	0.1
人力资源	1.5	1.4	1.2	0.3

续表

高职高专毕业生从事的职业类名称	就业比例			
	2015 届	2014 届	2013 届	2015 – 2013 届 **
幼儿与学前教育	1.4	0.9	0.7	0.7
媒体/出版	1.4	1.1	1.1	0.3
高等教育/职业培训	1.3	0.9	1.5	− 0.2
工业安全与质量	1.1	1.4	1.7	− 0.6
农/林/牧/渔类	1.0	0.7	0.8	0.2
经营管理	0.8	0.7	1.4	− 0.6
公安/检察/法院/经济执法	0.8	0.8	1.3	− 0.5
表演艺术/影视	0.8	0.6	0.5	0.3
测绘	0.8	0.7	0.6	0.2
服装/纺织/皮革	0.7	0.6	0.9	− 0.2
社区工作者	0.6	0.5	0.3	0.3
美容/健身	0.5	0.4	0.2	0.3
环境保护	0.5	0.5	0.4	0.1
公共关系	0.4	0.5	0.9	− 0.5
船舶机械	0.4	0.4	0.3	0.1
矿山/石油	0.3	0.6	0.6	− 0.3
翻译	0.3	0.2	0.3	0.0
家用/办公电器维修	0.2	0.3	0.3	− 0.1
文化/体育	0.2	0.1	0.1	0.1
航空机械/电子	0.2	0.2	0.4	− 0.2
家政	0.1	0.1	0.2	− 0.1
研究人员	0.1	0.1	—	—
冶金材料	0.1	0.2	0.2	− 0.1

* 表中显示数字均保留一位小数，因为四舍五入进位，加起来可能不等于100%。
** "2015 –2013 届"表示以 2015 届的就业比例减去 2013 届的就业比例。下同。
数据来源：麦可思 – 中国 2013 ~2015 届大学毕业生培养质量跟踪评价。

表 1 –1 –7 2015 届高职高专毕业生就业量最大的前 50 位职业

单位：%

高职高专毕业生就业量最大的前 50 位职业名称	就业比例
会计	6.9
文员	4.5
护士	3.2
电子商务专员	2.2

续表

高职高专毕业生就业量最大的前50位职业名称	就业比例
建筑技术员	1.7
客服专员	1.7
房地产经纪人	1.7
施工技术员	1.6
室内设计师	1.5
其他销售代表、服务商	1.5
营业员	1.4
行政秘书和行政助理	1.4
销售经理	1.2
个人理财顾问	1.2
小学教师	1.1
幼儿教师	1.1
保险推销员	1.0
餐饮服务生	0.9
金融服务销售商	0.8
推销员	0.8
收银员	0.8
预算员	0.8
测量技术员	0.8
地图制图与印刷工程技术员	0.8
互联网开发师	0.7
化工厂系统操作员	0.7
餐饮服务主管	0.7
计算机程序员	0.7
销售技术员	0.7
数据统计分析员	0.7
汽车机械技术员	0.7
土木建筑工程技术员	0.6
销售代表(批发和制造业,不包括科技类产品)	0.6
其他工程技术员	0.6
人力资源助理	0.6
平面设计	0.6
电子工程技术员	0.6
电厂操作员	0.6

高职高专毕业生就业量最大的前50位职业名称	就业比例
其他工程技术员（除绘图员）	0.6
其他计算机专业人员	0.6
销售代表（医疗用品）	0.5
医学及临床实验的技术员	0.5
采购员	0.5
存货管理员（储藏室、库房的）	0.5
电气技术员	0.5
医生助手	0.5
包装设计师	0.5
银行柜员	0.5
审计员	0.5
销售代表（机械设备和零件）	0.5

数据来源：麦可思－中国2015届大学毕业生培养质量跟踪评价。

（四）行业分析

行业：根据麦可思中国行业分类体系，本次调查覆盖了高职高专毕业生就业的327个行业。

本节各图表中的"就业比例" ＝在某类行业中就业的毕业生人数/全国同届次毕业生就业总数。

表1－1－8是2013～2015届高职高专毕业生就业的主要行业类排名。可以看出，2015届高职高专生毕业半年后就业最多的行业类是"建筑业"（12.1%），其次是"金融（银行/保险/证券）业"（7.6%）和"医疗和社会护理服务业"（7.2%）等。与2013届相比，2015届高职高专毕业生就业比例增加较多的行业类为"金融（银行/保险/证券）业"（增加2.2个百分点）、"医疗和社会护理服务业"（增加2.0个百分点）和"教育业"（增加1.9个百分点）；就业比例降低最多的行业类是"运输业"，降低了2.1个百分点。

从三届的就业趋势可以看出，在就业比例排名前十位的行业类中，高职高专毕业生在"金融（银行/保险/证券）业"和"教育业"行业类就业的比例逐届增加，在"电子电气仪器设备及电脑制造业"行业类就业的比例逐届降低。

表1－1－8　2013～2015届高职高专毕业生就业的主要行业类排名*

单位：%

高职高专毕业生就业的行业类名称	就业比例			
	2015届	2014届	2013届	2015－2013届
建筑业	12.1	12.8	12.0	0.1
金融（银行/保险/证券）业	7.6	5.8	5.4	2.2
医疗和社会护理服务业	7.2	7.6	5.2	2.0
零售商业	6.5	6.5	6.2	0.3
媒体、信息及通信产业	6.3	5.1	5.3	1.0
教育业	5.6	3.9	3.7	1.9
电子电气仪器设备及电脑制造业	5.2	5.8	6.2	-1.0
其他服务业（除行政服务）	4.5	4.7	4.5	0.0
各类专业设计与咨询服务业	4.4	3.7	4.1	0.3
化学品、化工、塑胶业	3.4	3.1	4.0	-0.6
机械五金制造业	3.4	4.5	5.0	-1.6
住宿和饮食业	3.2	2.7	2.1	1.1
房地产开发销售租赁及其他租赁业	3.1	3.3	4.1	-1.0
交通工具制造业	3.1	4.4	3.6	-0.5
家具、医疗设备及其他制成品业	2.7	2.3	2.8	-0.1
行政、商业和环境保护辅助业	2.5	2.3	2.4	0.1
政府及公共管理	2.4	2.3	2.6	-0.2
运输业	2.3	3.4	4.4	-2.1
批发商业	2.1	2.1	2.3	-0.2
食品、烟草、加工业	2.0	2.2	2.4	-0.4
纺织皮革及成品加工业	1.8	1.6	1.9	-0.1
邮递、物流及仓储业	1.7	1.8	1.9	-0.2
水电煤气公用事业	1.6	2.0	1.8	-0.2
农业、林业、渔业和畜牧业	1.6	1.5	1.6	0.0
艺术、娱乐和休闲业	1.4	1.1	1.3	0.1
初级金属制造业	0.7	1.0	1.0	-0.3
木品和纸品业	0.6	0.7	0.9	-0.3
矿业	0.4	1.1	0.9	-0.5
玻璃黏土、石灰水泥制品业	0.4	0.6	0.5	-0.1
宗教协会群众组织	0.1	0.1	—	—

　*表中显示数字均保留一位小数，因为四舍五入进位，加起来可能不等于100%。
　数据来源：麦可思－中国2013～2015届大学毕业生培养质量跟踪评价。

表 1 – 1 – 9　2015 届高职高专毕业生就业量最大的前 50 位行业

单位：%

高职高专毕业生就业量最大的前 50 位行业名称	就业比例
其他金融投资业	3.0
全科住院医院(包括门诊)	2.7
其他个人服务业	2.5
住宅建筑施工业	2.4
建筑装修业	2.4
互联网运营与网络搜索引擎业	2.1
建筑基础、结构、楼房外观承建业	2.0
中小学教育机构	2.0
高速公路、街道及桥梁建筑业	1.9
幼儿园与学前教育机构	1.6
综合性餐饮业	1.6
物流仓储业	1.4
发电、输电业	1.3
汽车制造业	1.3
保险代理、经销、其他保险相关业	1.2
非住宅建筑施工业	1.2
汽车保养与维修业	1.2
房地产开发业	1.1
专科住院医院(包括门诊)	1.0
医疗设备及用品制造业	1.0
软件开发业	1.0
广告及相关服务业	1.0
地产代理和经纪人办事处	1.0
百货零售业	0.9
半导体和其他电子元件制造业	0.9
会计、审计与税务服务业	0.9
公共卫生服务机构(含疾控中心等)	0.9
通信设备制造业	0.9
电气设备制造业	0.9
其他娱乐和休闲产业	0.8
旅客住宿业	0.8
保险机构	0.8
其他医疗健康服务业	0.8
其他食品制造业	0.8
其他信息服务业	0.8
其他学院和培训机构	0.8
其他零售业	0.7
证券和商品交易所	0.7
计算机系统设计服务业	0.7
办公室行政服务业	0.7

高职高专毕业生就业量最大的前50位行业名称	就业比例
教育辅助服务业	0.7
其他化工产品制造业	0.7
计算机及外围设备制造业	0.7
石油及煤制品制造业	0.7
服装零售业	0.7
其他电气设备及元器件生产业	0.6
药品和医药制造业	0.6
汽车零件制造业	0.6
建筑、工程及相关咨询服务业	0.6
汽车经销业	0.6

数据来源：麦可思 – 中国2015届大学毕业生培养质量跟踪评价。

（五）用人单位分析

图1－1－8是2015届大学毕业生就业的用人单位类型分布。可以看出，"民营企业/个体"（59%）是2015届大学毕业生就业最多的用人单位类型，本科院校中有52%的毕业生就业于"民营企业/个体"，高职高专院校中有67%的毕业生就业于"民营企业/个体"。

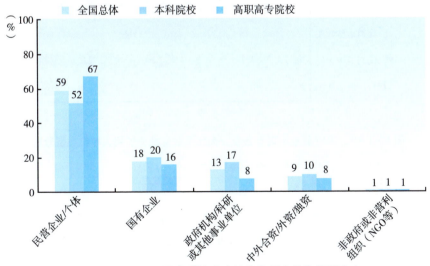

图1－1－8 2015届大学毕业生就业的用人单位类型分布

数据来源：麦可思 – 中国2015届大学毕业生培养质量跟踪评价。

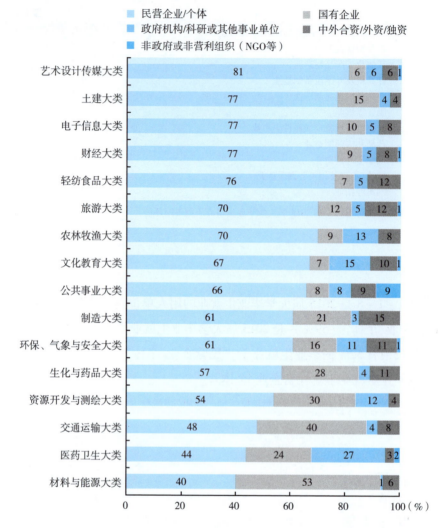

图1-1-9 2015届高职高专各专业大类毕业生就业的用人单位类型分布*

*个别专业大类因为样本较少，没有包括在内。

数据来源：麦可思-中国2015届大学毕业生培养质量跟踪评价。

图1-1-11是2015届大学毕业生就业的用人单位规模分布。可以看出，2015届大学毕业生就业比例最高的是300人及以下规模的中小型用人单位（55%），其中本科毕业生这一比例为50%，高职高专毕业生为60%。

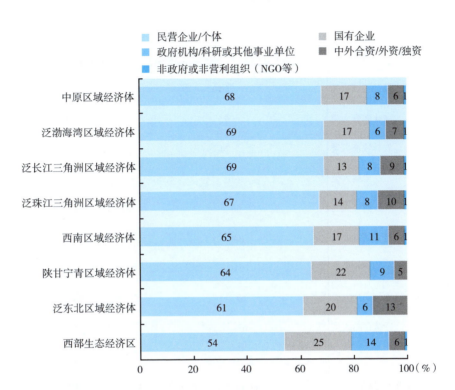

图1-1-10 2015届高职高专生在各类经济区域就业的用人单位类型分布

数据来源：麦可思-中国2015届大学毕业生培养质量跟踪评价。

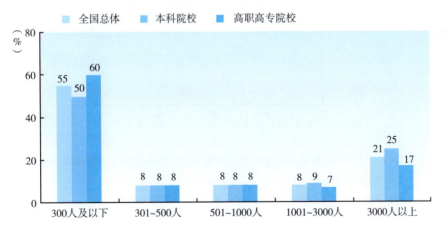

图1-1-11 2015届大学毕业生就业的用人单位规模分布

数据来源：麦可思-中国2015届大学毕业生培养质量跟踪评价。

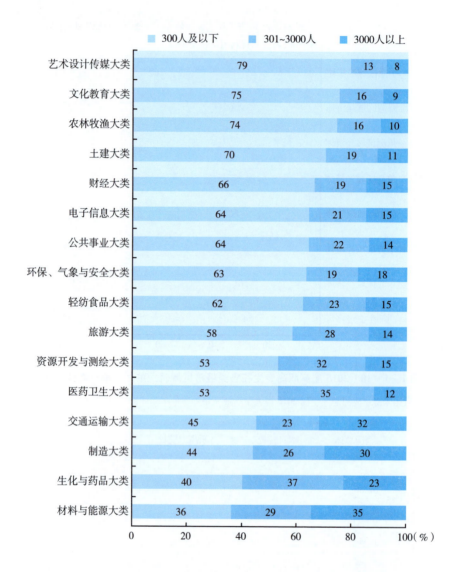

图 1 - 1 - 12 2015 届高职高专各专业大类毕业生就业的用人单位规模分布*

* 个别专业大类因为样本较少，没有包括在内。

数据来源：麦可思 - 中国 2015 届大学毕业生培养质量跟踪评价。

图 1 – 1 – 13　2015 届高职高专生在各类经济区域就业的用人单位规模分布

数据来源：麦可思 – 中国 2015 届大学毕业生培养质量跟踪评价。

三　就业质量

（一）就业满意度

1. 总体就业满意度

就业满意度：在被调查的毕业生中，由就业人群对自己目前的就业现状进行主观判断，选项有"很满意"、"满意"、"不满意"、"很不满意"、"无法评估"共五项。其中，选择"满意"或"很满意"的人属于对就业现状满意，选择"不满意"或"很不满意"的人属于对就业现状不满意。

图 1 - 1 - 14 是 2014 届、2015 届大学生毕业半年后的就业满意度。可以看出，2015 届大学毕业生的就业满意度为 62%，与 2014 届（61%）基本持平。其中，本科院校 2015 届毕业生的就业满意度为 63%，与 2014 届（62%）基本持平；高职高专院校 2015 届毕业生的就业满意度为 61%，比 2014 届（59%）高 2 个百分点。

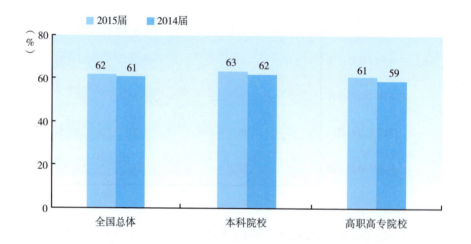

图 1 - 1 - 14　2014 届、2015 届大学生毕业半年后的就业满意度

数据来源：麦可思 - 中国 2014 届、2015 届大学毕业生培养质量跟踪评价。

2. 就业现状不满意的原因

图 1 - 1 - 15 是 2014 届、2015 届高职高专毕业生对就业现状不满意的原因。可以看出，2015 届高职高专毕业生对就业现状不满意的主要原因是"收入低"（66%）、"发展空间不够"（57%）。

3. 主要专业的就业满意度

表 1 - 1 - 10 是 2014 届、2015 届高职高专主要专业大类毕业生毕业半年后的就业满意度。可以看出，在 2015 届高职高专专业大类中，就业满意度最高的为文化教育大类（64%）、医药卫生大类（64%）和农林渔牧大类（64%），最低的为资源开发与测绘大类（53%）。

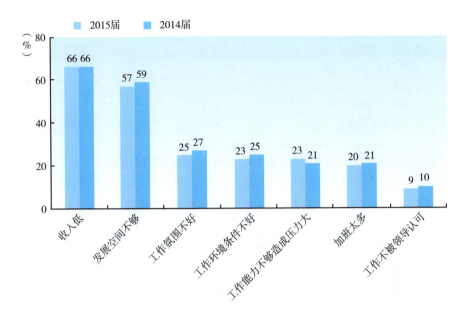

图 1 - 1 - 15　2014 届、2015 届高职高专毕业生对就业现状不满意的原因（多选）

数据来源：麦可思 - 中国 2014 届、2015 届大学毕业生培养质量跟踪评价。

表 1 - 1 - 10　2014 届、2015 届高职高专主要专业大类毕业生毕业半年后的就业满意度[*]

单位：%

高职高专专业大类名称	2015 届	2014 届
文化教育大类	64	63
医药卫生大类	64	62
农林牧渔大类	64	60
艺术设计传媒大类	62	58
材料与能源大类	62	62
财经大类	61	57
交通运输大类	61	58
电子信息大类	61	59
旅游大类	60	59
生化与药品大类	59	56
轻纺食品大类	59	55
公共事业大类	59	59
制造大类	58	55

续表

高职高专专业大类名称	2015 届	2014 届
环保、气象与安全大类	57	55
土建大类	56	57
资源开发与测绘大类	53	52
全国高职高专	**61**	**59**

* 个别专业大类因为样本较少，没有包括在内。

数据来源：麦可思 – 中国 2014 届、2015 届大学毕业生培养质量跟踪评价。

表 1 – 1 – 11　2015 届高职高专生毕业半年后就业满意度排前 30 位的主要专业 *

单位：%

高职高专专业名称	就业满意度	高职高专专业名称	就业满意度
电力系统继电保护与自动化	81	初等教育	67
电力系统自动化技术	79	供用电技术	67
美术教育	73	园艺技术	67
畜牧兽医	72	信息安全技术	67
体育服务与管理	72	社会工作	67
学前教育	71	市场营销	67
多媒体设计与制作	71	金融管理与实务	66
城市园林	69	国际贸易实务	66
市场开发与营销	69	物业管理	66
音乐教育	69	应用英语	66
医学影像技术	69	文秘	66
旅游英语	68	导游	66
涉外旅游	68	护理	66
国际金融	68	房地产经营与估价	65
高压输配电线路施工运行与维护	68	**全国高职高专**	**61**
汽车技术服务与营销	67		

* 毕业生规模过小的专业不包括在此排序中。

数据来源：麦可思 – 中国 2015 届大学毕业生培养质量跟踪评价。

4. 主要职业的就业满意度

表 1 – 1 – 12 和表 1 – 1 – 13 分别是 2015 届高职高专生毕业半年后就业满意度最高/最低的前十位职业。可以看出，2015 届高职高专生毕业半年后

就业满意度最高的职业是"银行柜员"（80%），最低的职业是"手工包装工"（35%）。

表1-1-12　2015届高职高专生毕业半年后就业满意度最高的前十位职业 *

单位：%

高职高专毕业生就业满意度最高的前十位职业名称	就业满意度
银行柜员	80
总经理和日常主管	79
铁路闸、铁路信号和转辙器操作员	77
互联网开发师	76
银行信贷员	75
警察	75
市场经理	73
计算机程序员	72
贷款顾问	72
放射技术员	71
全国高职高专	**61**

* 毕业生规模过小的职业不包括在此排序中。
数据来源：麦可思-中国2015届大学毕业生培养质量跟踪评价。

表1-1-13　2015届高职高专生毕业半年后就业满意度最低的前十位职业 *

单位：%

高职高专毕业生就业满意度最低的前十位职业名称	就业满意度
手工包装工	35
半导体加工人员	37
收银员	44
餐饮服务生	46
商业和工业电子和电器设备修理技术员	49
存货管理员（储藏室、库房的）	50
工业工程技术员	51
机械装配技术员	51
生产计划管理员	52
电子和电气设备装配技术员	52
全国高职高专	**61**

* 毕业生规模过小的职业不包括在此排序中。
数据来源：麦可思-中国2015届大学毕业生培养质量跟踪评价。

5. 主要行业的就业满意度

表1-1-14和表1-1-15分别是2015届高职高专生毕业半年后就业满意度最高/最低的前十位行业。可以看出，2015届高职高专生毕业半年后就业满意度最高的行业是"铁路运输业"（81%），最低的行业是"树脂、合成橡胶、合成纤维及人造丝制造业"（45%）。

表1-1-14 2015届高职高专生毕业半年后就业满意度最高的前十位行业*

单位：%

高职高专毕业生就业满意度最高的前十位行业名称	就业满意度
铁路运输业	81
航空运输服务业	79
铁路运输服务业	74
储蓄信用中介	73
铁路机车制造业	73
软件开发业	73
城市公共交通业	71
大专/高职教育机构	71
全科住院医院（包括门诊）	71
人力资源与社会保障政府部门	70
全国高职高专	**61**

*毕业生规模过小的行业不包括在此排序中。
数据来源：麦可思-中国2015届大学毕业生培养质量跟踪评价。

表1-1-15 2015届高职高专生毕业半年后就业满意度最低的前十位行业*

单位：%

高职高专毕业生就业满意度最低的前十位行业名称	就业满意度
树脂、合成橡胶、合成纤维及人造丝制造业	45
音频和视频设备制造业	46
汽车零件制造业	47
家用电器制造业	49
电信经销业	50
铁制品制造业	50
铝制品加工及制造业	50

续表

高职高专毕业生就业满意度最低的前十位行业名称	就业满意度
金属加工成套设备制造业	51
半导体和其他电子元件制造业	51
发动机、涡轮机与动力传输设备制造业	52
全国高职高专	**61**

＊毕业生规模过小的行业不包括在此排序中。

数据来源：麦可思－中国2015届大学毕业生培养质量跟踪评价。

6. 各用人单位类型的就业满意度

图1－1－16是2014届、2015届高职高专生毕业半年后在各类型用人单位的就业满意度。可以看出，2015届高职高专生毕业半年后在"政府机构/科研或其他事业单位"的就业满意度最高（70%），在"民营企业/个体"的就业满意度最低（58%）。

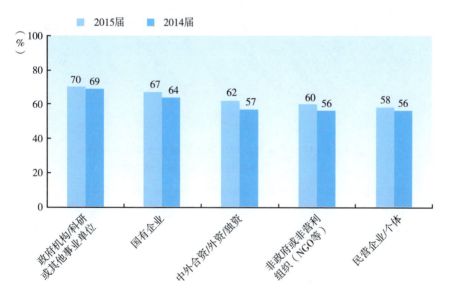

图1－1－16　2014届、2015届高职高专生毕业半年后
在各类型用人单位的就业满意度

数据来源：麦可思－中国2014届、2015届大学毕业生培养质量跟踪评价。

7. 各类经济区域的就业满意度

图 1 - 1 - 17 是 2014 届、2015 届高职高专生毕业半年后在各类经济区域的就业满意度。可以看出，2015 届高职高专生毕业半年后在泛渤海湾区域经济体和泛长江三角洲区域经济体就业的满意度最高（均为63%）。

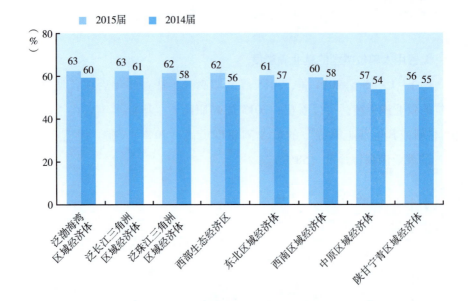

图 1 - 1 - 17　2014 届、2015 届高职高专生毕业半年后在各类经济区域的就业满意度

数据来源：麦可思 - 中国 2014 届、2015 届大学毕业生培养质量跟踪评价。

（二）职业期待吻合度

1. 总体职业期待吻合度

职业期待吻合度：毕业生被调查时的工作与职业期待吻合的人数百分比。

图 1 - 1 - 18 是 2014 届、2015 届大学毕业生工作与职业期待的吻合度。

可以看出，2015届大学毕业生工作与职业期待的吻合度为47%，与2014届（46%）基本持平。其中，本科和高职高专院校2015届毕业生工作与职业期待的吻合度分别为50%、44%，均与2014届（分别为49%、43%）基本持平。

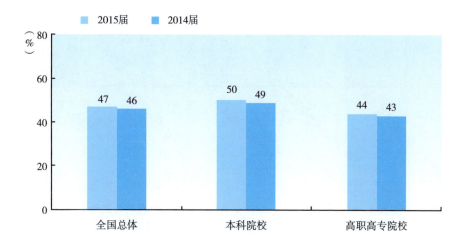

图1－1－18　2014届、2015届大学毕业生工作与职业期待吻合度

数据来源：麦可思－中国2014届、2015届大学毕业生培养质量跟踪评价。

2. 职业期待不吻合的原因

图1－1－19是2014届、2015届高职高专毕业生目前的工作与职业期待不吻合的原因分布。可以看出，2015届认为工作与职业期待不吻合的高职高专毕业生中，有33%的人认为是"不符合自己的职业发展规划"，其次是"不符合自己的兴趣爱好"（23%）。

3. 主要专业的职业期待吻合度

表1－1－16是2014届、2015届高职高专主要专业大类毕业生毕业半年后的职业期待吻合度。可以看出，在2015届高职高专专业大类中，毕业生毕业半年后职业期待吻合度最高的为医药卫生大类和文化教育大类（均为52%），最低的为资源开发与测绘大类（37%）。

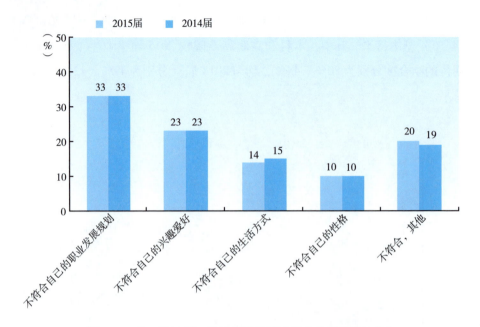

**图1-1-19 2014届、2015届高职高专毕业生目前的工作与
职业期待不吻合的原因分布**

数据来源：麦可思-中国2014届、2015届大学毕业生培养质量跟踪评价。

**表1-1-16 2014届、2015届高职高专主要专业大类毕业生
毕业半年后的职业期待吻合度 ***

单位：%

高职高专专业大类名称	2015届	2014届
医药卫生大类	52	50
文化教育大类	52	49
艺术设计传媒大类	47	47
农林牧渔大类	45	42
轻纺食品大类	44	41
财经大类	44	43
土建大类	44	47
公共事业大类	44	41
交通运输大类	44	44
旅游大类	43	42
材料与能源大类	43	45
电子信息大类	42	42
环保、气象与安全大类	42	42

续表

高职高专专业大类名称	2015 届	2014 届
制造大类	40	39
生化与药品大类	38	39
资源开发与测绘大类	37	37
全国高职高专	**44**	**43**

＊个别专业大类因为样本较少，没有包括在内。

数据来源：麦可思－中国 2014 届、2015 届大学毕业生培养质量跟踪评价。

4. 主要职业的职业期待吻合度

表 1－1－17　2015 届高职高专毕业生从事的主要职业类的职业期待吻合度＊

单位：%

高职高专职业类名称	职业期待吻合度	高职高专职业类名称	职业期待吻合度
中小学教育	62	保险	43
幼儿与学前教育	59	酒店/旅游/会展	43
表演艺术/影视	57	环境保护	42
美术/设计/创意	55	机动车机械/电子	41
高等教育/职业培训	55	服装/纺织/皮革	41
医疗保健/紧急救助	54	销售	40
互联网开发及应用	51	电力/能源	39
美容/健身	50	社区工作者	38
媒体/出版	50	工业安全与质量	36
计算机与数据处理	49	物流/采购	36
金融(银行/基金/证券/期货/理财)	49	机械/仪器仪表	35
经营管理	47	测绘	34
人力资源	46	电气/电子(不包括计算机)	34
公安/检察/法院/经济执法	46	行政/后勤	33
财务/审计/税务/统计	46	船舶机械	32
交通运输/邮电	46	生物/化工	31
农/林/牧/渔类	46	生产/运营	31
建筑工程	45	餐饮/娱乐	30
房地产经营	43	**全国高职高专**	**44**

＊个别职业类因为样本较少，没有包括在内。

数据来源：麦可思－中国 2015 届大学毕业生培养质量跟踪评价。

（三）薪资分析

1. 总体月收入

月收入：指工资、奖金、业绩提成、现金福利补贴等所有的月度现金收入。

毕业半年后的平均月收入：指大学生毕业半年后实际每月工作收入的平均值。

图 1－1－20 是 2013～2015 届大学生毕业半年后的月收入变化趋势。可以看出，2015 届大学毕业生月收入（3726 元）比 2014 届（3487 元）增长了 239 元，比 2013 届（3250 元）增长了 476 元。其中，本科毕业生 2015届（4042 元）比 2014 届（3773 元）增长了 269 元，比 2013 届（3560 元）增长了 482 元；高职高专毕业生 2015 届（3409 元）比 2014 届（3200 元）增长了 209 元，比 2013 届（2940 元）增长了 469 元。从近三届的趋势可以看出，大学生毕业半年后月收入呈现上升趋势。

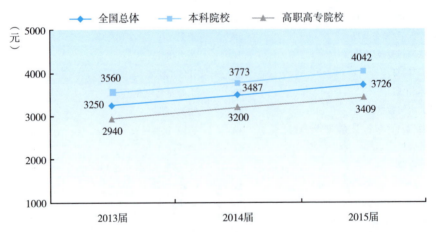

图 1－1－20　2013～2015 届大学生毕业半年后的月收入变化趋势

数据来源：麦可思－中国 2013～2015 届大学毕业生培养质量跟踪评价。

图 1－1－21 是 2014 届、2015 届高职高专生毕业半年后的月收入分布。可以看出，2015 届高职高专毕业生月收入在 5000 元以上的比例为 13.1%，

比 2014 届（12.0%）高 1.1 个百分点；月收入在 1500 元以下的比例为 2.8%，比 2014 届（3.0%）略低。

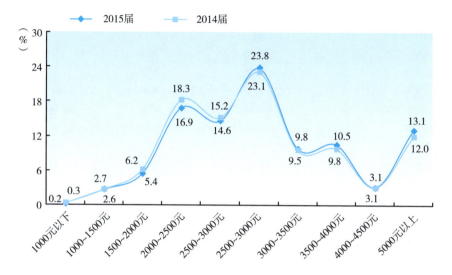

图 1−1−21 2014 届、2015 届高职高专生毕业半年后的月收入分布*

*图中显示数字均保留一位小数，因为四舍五入进位，加起来可能不等于 100%。
数据来源：麦可思−中国 2014 届、2015 届大学毕业生培养质量跟踪评价。

2. 主要专业的月收入

表 1−1−18 是 2013~2015 届高职高专主要专业大类毕业生毕业半年后的月收入。可以看出，在 2015 届高职高专专业大类中，毕业生毕业半年后月收入最高的是交通运输大类（3721 元），最低的是医药卫生大类（2975 元）。

表 1−1−18 2013~2015 届高职高专主要专业大类毕业生毕业半年后的月收入*

单位：%

高职高专专业大类名称	2015 届	2014 届	2013 届
交通运输大类	3721	3604	3167
制造大类	3688	3455	3156
电子信息大类	3673	3439	3066
资源开发与测绘大类	3669	3375	—
材料与能源大类	3448	3224	3045

续表

高职高专专业大类名称	2015 届	2014 届	2013 届
环保、气象与安全大类	3425	3136	—
生化与药品大类	3425	3144	2988
农林牧渔大类	3403	3135	—
艺术设计传媒大类	3389	3099	2790
旅游大类	3348	3068	2792
财经大类	3345	3049	2811
轻纺食品大类	3288	3091	2827
土建大类	3262	3061	2935
公共事业大类	3258	2948	—
文化教育大类	3227	3065	2793
医药卫生大类	2975	2745	2519
全国高职高专	**3409**	**3200**	**2940**

＊个别专业大类因为样本较少，没有包括在内。

数据来源：麦可思－中国 2013～2015 届大学毕业生培养质量跟踪评价。

表 1－1－19　2013～2015 届高职高专主要专业类毕业生毕业半年后的月收入＊

单位：元

高职高专专业类名称	2015 届	2014 届	2013 届
市场营销类	3760	3415	3097
计算机类	3721	3408	3078
能源类	3717	3467	3035
电子信息类	3696	3415	3147
汽车类	3668	3417	3116
水上运输类	3661	3574	3262
通信类	3660	3487	3114
自动化类	3656	3459	3147
机械设计制造类	3631	3456	3173
机电设备类	3605	3474	3350
测绘类	3599	3556	3095
城市轨道运输类	3587	3505	—
公路运输类	3576	3476	3199
财政金融类	3559	3163	3078
材料类	3539	3418	3048
经济贸易类	3536	3197	2916

高职高专专业类名称	2015 届	2014 届	2013 届
艺术设计类	3517	3204	2906
畜牧兽医类	3515	3290	3083
工商管理类	3508	3210	2945
广播影视类	3501	3276	2815
化工技术类	3488	3349	3129
港口运输类	3480	3352	3101
法律实务类	3457	3127	2707
房地产类	3428	3161	3005
电力技术类	3400	3157	3053
纺织服装类	3356	3172	2880
公共管理类	3351	2956	2674
土建施工类	3338	3251	3182
林业技术类	3322	3085	2870
食品药品管理类	3310	3162	—
生物技术类	3300	3147	2739
语言文化类	3278	3173	2877
环保类	3274	3075	2767
旅游管理类	3231	3009	2774
建筑设备类	3214	3163	3009
食品类	3195	2939	2742
建筑设计类	3172	3023	2867
医学技术类	3158	2951	—
农业技术类	3135	2974	2654
工程管理类	3112	2931	2887
制药技术类	3105	2910	2774
公共事业类	3095	3012	2641
财务会计类	3092	2832	2587
护理类	2971	2653	2499
药学类	2870	2747	—
教育类	2850	2742	2713
全国高职高专	**3409**	**3200**	**2940**

＊个别专业类因为样本较少，没有包括在内。

数据来源：麦可思 – 中国 2013 ~ 2015 届大学毕业生培养质量跟踪评价。

表 1 –1 –20　2015 届高职高专生毕业半年后月收入排前 50 位的主要专业 *

单位：元

高职高专专业名称	毕业半年后的平均月收入	高职高专专业名称	毕业半年后的平均月收入
铁道工程技术	4248	工程测量技术	3664
舞蹈表演	4203	新能源应用技术	3663
社会体育	4173	计算机应用技术	3652
航空机电设备维修	4164	影视动画	3646
软件技术	4121	电气自动化技术	3642
体育服务与管理	4073	投资与理财	3634
汽车技术服务与营销	3961	视觉传达	3627
多媒体设计与制作	3944	石油化工生产技术	3624
国际金融	3931	房地产经营与估价	3623
市场营销	3817	道路桥梁工程技术	3620
市场开发与营销	3812	广告设计与制作	3620
移动通信技术	3797	发电厂及电力系统	3619
机械制造与自动化	3774	通信技术	3619
信息安全技术	3762	汽车电子技术	3612
数控技术	3761	船舶工程技术	3612
焊接技术及自动化	3760	计算机网络技术	3608
模具设计与制造	3760	城市轨道交通工程技术	3603
金融保险	3758	汽车制造与装配技术	3600
营销与策划	3754	电子商务	3582
电子信息工程技术	3730	畜牧兽医	3576
机电一体化技术	3725	应用电子技术	3570
物联网技术	3724	装潢艺术设计	3568
机械设计与制造	3711	广告与会展	3549
机电设备维修与管理	3684	汽车运用技术	3546
航海技术	3680	**全国高职高专**	**3409**
轮机工程技术	3679		

　*毕业生规模过小的专业不包括在此排序中。

　数据来源：麦可思 – 中国 2015 届大学毕业生培养质量跟踪评价。

　　月收入的"增长率" = （2015 届毕业生的平均月收入 – 2014 届毕业生的平均月收入）/2014 届毕业生的平均月收入。月收入增长的幅度可能会受到基数的影响。

　　表 1 – 1 – 21 和表 1 – 1 – 22 分别是 2015 届高职高专生毕业半年后月收

入增长最快/最慢的前十位专业类。可以看出，2015 届高职高专生毕业半年后月收入增长最快的专业类为公共管理类，增长率为 13.4%；毕业半年后月收入增长最慢的专业类为测绘类，增长率为 1.2%。

表1-1-21　2015 届高职高专生毕业半年后月收入增长最快的前十位专业类（与 2014 届对比）*

单位：%，元

高职高专专业类名称	增长率	2015 届	2014 届
公共管理类	13.4	3351	2956
财政金融类	12.5	3559	3163
护理类	12.0	2971	2653
经济贸易类	10.6	3536	3197
法律实务类	10.6	3457	3127
市场营销类	10.1	3760	3415
艺术设计类	9.8	3517	3204
工商管理类	9.3	3508	3210
计算机类	9.2	3721	3408
财务会计类	9.2	3092	2832

＊毕业生规模过小的专业类不包括在此排序中。

数据来源：麦可思－中国 2014 届、2015 届大学毕业生培养质量跟踪评价。

表1-1-22　2015 届高职高专生毕业半年后月收入增长最慢的前十位专业类（与 2014 届对比）*

单位：%，元

高职高专专业类名称	增长率	2015 届	2014 届
测绘类	1.2	3599	3556
建筑设备类	1.6	3214	3163
城市轨道运输类	2.3	3587	3505
水上运输类	2.4	3661	3574
土建施工类	2.7	3338	3251
公共事业类	2.8	3095	3012
公路运输类	2.9	3576	3476
语言文化类	3.3	3278	3173
材料类	3.5	3539	3418
机电设备类	3.8	3605	3474

＊毕业生规模过小的专业类不包括在此排序中。

数据来源：麦可思－中国 2014 届、2015 届大学毕业生培养质量跟踪评价。

3. 主要职业的月收入

表 1－1－23 是 2014 届、2015 届高职高专生毕业半年后从事的主要职业类的月收入。可以看出，2015 届高职高专生毕业半年后月收入最高的职业类是"经营管理"（4148 元），其后是"金融（银行/基金/证券/期货/理财）"（4141 元）、"互联网开发及应用"（4101 元）。

表 1－1－23　2014 届、2015 届高职高专生毕业半年后从事的主要职业类的月收入 *

单位：元

高职高专职业类名称	2015 届	2014 届
经营管理	4148	3763
金融（银行/基金/证券/期货/理财）	4141	3782
互联网开发及应用	4101	3650
房地产经营	4020	3665
计算机与数据处理	3942	3544
矿山/石油	3891	3823
交通运输/邮电	3815	3732
美容/健身	3777	3652
保险	3745	3441
表演艺术/影视	3732	3487
生产/运营	3671	3516
销售	3633	3484
机械/仪器仪表	3629	3384
电气/电子（不包括计算机）	3582	3437
电力/能源	3571	3229
船舶机械	3562	3536
工业安全与质量	3529	3273
机动车机械/电子	3495	3374
人力资源	3435	3063
物流/采购	3431	3170
餐饮/娱乐	3430	3125
生物/化工	3404	3150
测绘	3391	3298
媒体/出版	3367	3046
服装/纺织/皮革	3353	3199
农/林/牧/渔类	3335	3164
公共关系	3233	2968

续表

高职高专职业类名称	2015 届	2014 届
美术/设计/创意	3231	3110
建筑工程	3223	3122
高等教育/职业培训	3212	3096
公安/检察/法院/经济执法	3202	2876
酒店/旅游/会展	3180	3024
环境保护	3138	3061
行政/后勤	3000	2741
社区工作者	2975	2669
财务/审计/税务/统计	2969	2713
医疗保健/紧急救助	2957	2708
中小学教育	2826	2637
幼儿与学前教育	2565	2528
全国高职高专	**3409**	**3200**

＊个别职业类因为样本较少，没有包括在内。

数据来源：麦可思－中国2014届、2015届大学毕业生培养质量跟踪评价。

表 1－1－24　2015 届高职高专生毕业半年后月收入最高的前 50 位职业＊

单位：元

高职高专毕业生月收入最高的前 50 位职业名称	毕业半年后的平均月收入
互联网开发师	4795
银行信贷员	4770
市场经理	4732
总经理和日常主管	4694
信贷经纪人	4683
计算机程序员	4649
金融服务销售商	4597
销售经理	4494
一线销售经理(非零售)	4358
贷款顾问	4328
健身教练和健身操指导员	4287
证券经纪人	4254
房地产经纪人	4208
计算机软件应用工程技术员	4153
铁路闸、铁路信号和转辙器操作员	4115
铁轨铺设及维护设备操作员	4106

续表

高职高专毕业生月收入最高的前 50 位职业名称	毕业半年后的平均月收入
一线销售经理（零售）	4076
个人理财顾问	4047
融资专员	4004
网络设计师	3991
生产及操作人员的初级主管	3960
非农产品的批发和零售卖主	3956
机械装配技术员	3950
保险推销员	3873
摄影师	3867
工业工程技术员	3862
销售代表（医疗用品）	3827
其他销售代表、服务商	3808
电子商务专员	3781
电气工程技术员	3772
美容师	3746
运输服务员（不包括航空乘务员和行李搬运工）	3740
工业机械技术员	3740
餐饮服务主管	3739
商业和工业电子和电器设备修理技术员	3719
机械技术员	3710
仓储主管	3706
银行柜员	3690
舰艇建造技术员	3688
时尚设计师	3682
计算机技术支持员	3672
销售代表（批发和制造业，不包括科技类产品）	3664
发电站、变电站和中继站的电子和电气修理技术员	3661
电子工程技术员	3656
翻译员	3655
职业培训师	3653
计算机网络管理员	3644
汽车个别部件技术员	3633
保险理赔员	3627
高等教育管理人员	3617
全国高职高专	**3409**

*个别职业因为样本较少，没有包括在内。

数据来源：麦可思－中国 2015 届大学毕业生培养质量跟踪评价。

表 1 – 1 – 25 和表 1 – 1 – 26 分别是 2015 届高职高专生毕业半年后月收入增长最快/最慢的前十位职业类。可以看出，2015 届高职高专生毕业半年后月收入增长最快的职业类为"互联网开发及应用"（增长率为 12.4%），其次是"人力资源"（增长率为 12.1%）；毕业半年后月收入增长最慢的职业类为"船舶机械"，增长率为 0.7%。

表 1 – 1 – 25　2015 届高职高专生毕业半年后月收入增长最快的
前十位职业类（与 2014 届对比）*

单位：%，元

高职高专职业类名称	增长率	2015 届	2014 届
互联网开发及应用	12.4	4101	3650
人力资源	12.1	3435	3063
社区工作者	11.5	2975	2669
公安/检察/法院/经济执法	11.3	3202	2876
计算机与数据处理	11.2	3942	3544
电力/能源	10.6	3571	3229
媒体/出版	10.5	3367	3046
经营管理	10.2	4148	3763
餐饮/娱乐	9.8	3430	3125
房地产经营	9.7	4020	3665

＊毕业生规模过小的职业类不包括在此排序中。
数据来源：麦可思 – 中国 2014 届、2015 届大学毕业生培养质量跟踪评价。

表 1 – 1 – 26　2015 届高职高专生毕业半年后月收入增长最慢的
前十位职业类（与 2014 届对比）*

单位：%，元

高职高专职业类名称	增长率	2015 届	2014 届
船舶机械	0.7	3562	3536
幼儿与学前教育	1.5	2565	2528
矿山/石油	1.8	3891	3823
交通运输/邮电	2.2	3815	3732
环境保护	2.5	3138	3061
测绘	2.8	3391	3298

高职高专职业类名称	增长率	2015 届	2014 届
建筑工程	3.2	3223	3122
美容/健身	3.4	3777	3652
机动车机械/电子	3.6	3495	3374
高等教育/职业培训	3.7	3212	3096

＊毕业生规模过小的职业类不包括在此排序中。

数据来源：麦可思 – 中国 2014 届、2015 届大学毕业生培养质量跟踪评价。

4. 主要行业的月收入

表 1 – 1 – 27 是 2014 届、2015 届高职高专生毕业半年后在主要行业类的月收入。可以看出，2015 届高职高专生毕业半年后月收入最高的行业类为"金融（银行/保险/证券）业"（4020 元），其次是"房地产开发销售租赁及其他租赁业"（3871 元）。

表 1 – 1 – 27　2014 届、2015 届高职高专生毕业半年后在主要行业类的月收入 ＊

单位：元

高职高专行业类名称	2015 届	2014 届
金融(银行/保险/证券)业	4020	3720
房地产开发销售租赁及其他租赁业	3871	3478
运输业	3806	3677
媒体、信息及通信产业	3797	3443
艺术、娱乐和休闲业	3722	3407
交通工具制造业	3711	3604
电子电气仪器设备及电脑制造业	3638	3398
矿业	3536	3404
邮递、物流及仓储业	3458	3261
初级金属制造业	3440	3357
水电煤气公用事业	3438	3108
机械五金制造业	3425	3187
化学品、化工、塑胶业	3422	3131
零售商业	3396	3170
家具、医疗设备及其他制成品业	3380	3246
各类专业设计与咨询服务业	3329	3084
批发商业	3324	3121

续表

高职高专行业类名称	2015 届	2014 届
农业、林业、渔业和畜牧业	3319	3142
住宿和饮食业	3314	2940
食品、烟草、加工业	3276	3171
木品和纸品业	3231	3147
纺织皮革及成品加工业	3227	3132
其他服务业（除行政服务）	3212	2993
建筑业	3174	3086
行政、商业和环境保护辅助业	3133	2863
玻璃黏土、石灰水泥制品业	3124	3129
政府及公共管理	3075	2837
医疗和社会护理服务业	3031	2764
教育业	2948	2830
全国高职高专	**3409**	**3200**

＊个别行业类因为样本较少，没有包括在内。

数据来源：麦可思－中国 2014 届、2015 届大学毕业生培养质量跟踪评价。

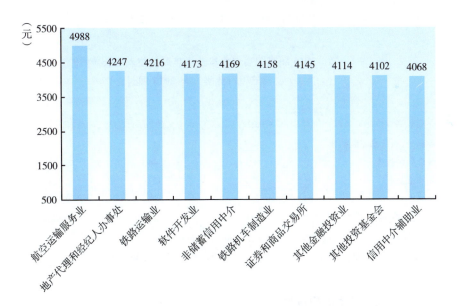

图 1 – 1 – 22 2015 届高职高专生毕业半年后月收入最高的前十位行业

数据来源：麦可思－中国 2015 届大学毕业生培养质量跟踪评价。

表1-1-28和表1-1-29分别是2015届高职高专生毕业半年后月收入增长最快/最慢的前五位行业类。可以看出，2015届高职高专生毕业半年后月收入增长最快的行业类为"住宿和饮食业"，增长率为12.7%；毕业半年后月收入增长最慢的行业类为"玻璃黏土、石灰水泥制品业"，增长率为-0.2%。

表1-1-28 2015届高职高专生毕业半年后月收入增长最快的前五位行业类（与2014届对比）*

单位：%，元

高职高专行业类名称	增长率	2015届	2014届
住宿和饮食业	12.7	3314	2940
房地产开发销售租赁及其他租赁业	11.3	3871	3478
水电煤气公用事业	10.6	3438	3108
媒体、信息及通信产业	10.3	3797	3443
医疗和社会护理服务业	9.7	3031	2764

*毕业生规模过小的行业类不包括在此排序中。
数据来源：麦可思-中国2014届、2015届大学毕业生培养质量跟踪评价。

表1-1-29 2015届高职高专生毕业半年后月收入增长最慢的前五位行业类（与2014届对比）*

单位：%，元

高职高专行业类名称	增长率	2015届	2014届
玻璃黏土、石灰水泥制品业	-0.2	3124	3129
初级金属制造业	2.5	3440	3357
木品和纸品业	2.7	3231	3147
建筑业	2.9	3174	3086
交通工具制造业	3.0	3711	3604

*毕业生规模过小的行业类不包括在此排序中。
数据来源：麦可思-中国2014届、2015届大学毕业生培养质量跟踪评价。

5. 各用人单位类型的月收入

图1-1-23是2014届、2015届高职高专生毕业半年后在各类型用人单位的月收入。可以看出，2015届高职高专生毕业半年后在"中外合资/外

资/独资"单位就业的人群月收入最高（3841元）；与2014届相比，2015届高职高专毕业生在各类型用人单位就业的月收入都有所上升。

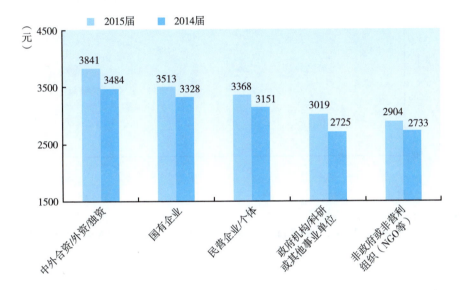

图1-1-23 2014届、2015届高职高专生毕业半年后在各类型用人单位的月收入

数据来源：麦可思-中国2014届、2015届大学毕业生培养质量跟踪评价。

图1-1-24是2014届、2015届高职高专生毕业半年后在各规模用人单位的月收入。可以看出，2015届高职高专毕业生在"3000人以上"规模的大型用人单位就业的月收入最高（3935元）；与2014届相比，2015届高职高专毕业生在各规模用人单位就业的月收入都有所上升。

6. 各类经济区域的月收入

图1-1-25是2014届、2015届高职高专生毕业半年后在各类经济区域就业的月收入。可以看出，2015届高职高专毕业生毕业半年后在泛长江三角洲区域经济体就业的月收入最高，为3630元。

（四）工作与专业相关度

1. 总体工作与专业相关度

工作与专业相关度 = 受雇全职工作并且与专业相关的毕业生人数/受雇

图1－1－24 2014届、2015届高职高专生毕业半年后在各规模用人单位的月收入

数据来源：麦可思－中国2014届、2015届大学毕业生培养质量跟踪评价。

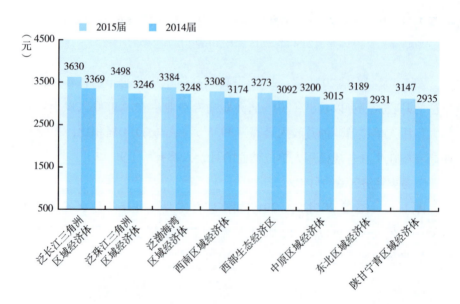

图1－1－25 2014届、2015届高职高专生毕业半年后在各类经济区域就业的月收入

数据来源：麦可思－中国2014届、2015届大学毕业生培养质量跟踪评价。

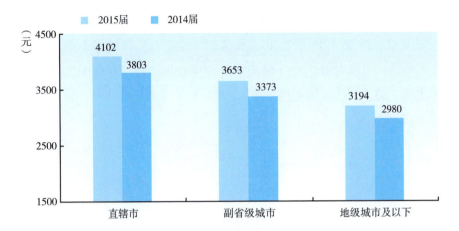

图 1 – 1 – 26 2014届、2015届高职高专生毕业半年后在各类型城市就业的月收入

数据来源：麦可思 – 中国2014届、2015届大学毕业生培养质量跟踪评价。

全职工作的毕业生人数。

图 1 – 1 – 27 是 2014 届、2015 届大学毕业生的工作与专业相关度。可以看出，2015 届大学毕业生的工作与专业相关度为 66%，与 2014 届（66%）持平。其中，本科和高职高专院校 2015 届毕业生的工作与专业相关度分别为 69%、62%，均与 2014 届（分别为 69%、62%）持平。

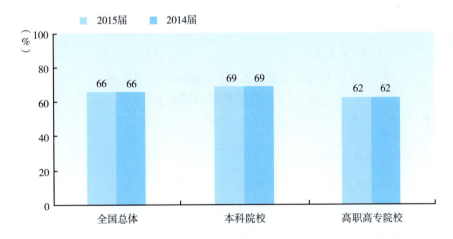

图 1 – 1 – 27 2014届、2015届大学毕业生的工作与专业相关度

数据来源：麦可思 – 中国2014届、2015届大学毕业生培养质量跟踪评价。

2. 选择与专业无关工作的原因

图 1-1-28 是 2014 届、2015 届高职高专毕业生选择与专业无关工作的主要原因。可以看出，2015 届高职高专毕业生选择与专业无关工作的主要原因是"迫于现实先就业再择业"（29%）、"专业工作不符合自己的职业期待"（28%）。

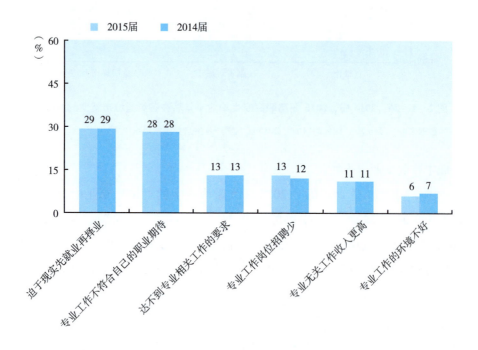

图 1-1-28 2014 届、2015 届高职高专毕业生选择
与专业无关工作的主要原因

数据来源：麦可思-中国 2014 届、2015 届大学毕业生培养质量跟踪评价。

3. 主要专业的专业相关度

表 1-1-30 是 2014 届、2015 届高职高专主要专业大类毕业生的工作与专业相关度。可以看出，在 2015 届高职高专专业大类中，专业相关度最高的是医药卫生大类（89%），其次是材料与能源大类（74%）；最低的是公共事业大类和轻纺食品大类（均为 51%）。

表1－1－30 2014届、2015届高职高专主要专业大类毕业生的工作与专业相关度*

单位：%

高职高专专业大类名称	2015 届	2014 届
医药卫生大类	89	89
材料与能源大类	74	79
土建大类	69	77
生化与药品大类	64	61
艺术设计传媒大类	63	60
交通运输大类	63	65
文化教育大类	63	58
资源开发与测绘大类	62	64
财经大类	58	58
制造大类	57	56
农林牧渔大类	57	59
环保、气象与安全大类	53	49
电子信息大类	53	49
旅游大类	52	53
轻纺食品大类	51	53
公共事业大类	51	45
全国高职高专	62	62

*个别专业大类因为样本较少，没有包括在内。

数据来源：麦可思－中国2014届、2015届大学毕业生培养质量跟踪评价。

表1－1－31 2015届高职高专毕业生工作与专业相关度排前30位的主要专业*

单位：%

高职高专专业名称	工作与专业相关度
医学影像技术	93
临床医学	93
康复治疗技术	92
护理	92
助产	90
铁道工程技术	90
医学检验技术	90
学前教育	89
高压输配电线路施工运行与维护	88
发电厂及电力系统	87

续表

高职高专专业名称	工作与专业相关度
电力系统自动化技术	87
药学	86
中药	86
数学教育	86
电力系统继电保护与自动化	82
语文教育	81
市政工程技术	80
公路监理	80
社会工作	79
城市轨道交通工程技术	79
供用电技术	79
建筑设计技术	78
音乐教育	77
水利水电建筑工程	76
供热通风与空调工程技术	75
道路桥梁工程技术	74
工程测量技术	74
美术教育	73
英语教育	73
畜牧兽医	73
全国高职高专	**62**

* 毕业生规模过小的专业不包括在此排序中。

数据来源：麦可思 – 中国 2015 届大学毕业生培养质量跟踪评价。

4. 主要职业的工作与专业相关度

表 1 – 1 – 32　2015 届高职高专毕业生工作与专业相关度要求最高的前 20 位职业 *

单位：%

职业名称	工作与专业相关度
护士	98
放射技术员	98
医学及临床实验的技术员	97
药剂技师	95

续表

职业名称	工作与专业相关度
建筑设计员（非园林和水上景观）	94
园林建筑技术员	93
建筑技术员	92
医生助手	92
时尚设计师	91
施工技术员	91
土木建筑工程技术员	91
预算员	90
导游	89
会计	89
建筑绘图员	89
车身修理技术员	88
汽车机械技术员	87
测量技术员	87
平面设计	87
室内设计师	87
全国高职高专	**62**

＊毕业生规模过小的职业不包括在此排序中。

数据来源：麦可思 – 中国 2015 届大学毕业生培养质量跟踪评价。

表 1 – 1 – 33　2015 届高职高专毕业生工作与专业相关度要求最低的前 20 位职业＊

单位：%

职业名称	工作与专业相关度
手工包装工	23
个人理财顾问	27
金融服务销售商	29
文员	29
贷款顾问	32
档案管理员	32
房地产经纪人	33
客服专员	33
其他种类的人力资源、培训和劳资关系专职人员	33
招聘专职人员	33

续表

职业名称	工作与专业相关度
公关专员	33
行政秘书和行政助理	34
保险推销员	34
数据录入员	35
保单管理员	35
销售经理	37
推销员	37
警察	37
信贷经纪人	38
休闲项目工作员	38
全国高职高专	**62**

＊毕业生规模过小的职业不包括在此排序中。

数据来源：麦可思 - 中国 2015 届大学毕业生培养质量跟踪评价。

（五）离职率

离职率： 有过工作经历的毕业生（从毕业时到 2015 年 12 月 31 日）有多大百分比发生过离职。离职率 = 曾经发生离职行为的毕业生人数/现在工作或曾经工作过的毕业生人数。

离职类型： 分为主动离职（辞职）、被雇主解职、两者均有（离职两次以上可能会出现）三类情形。

1. 离职率

图 1 - 1 - 29 是 2014 届、2015 届大学生毕业半年内的离职率。可以看出，2015 届大学毕业生毕业半年内的离职率为 34%，与 2014 届（33%）基本持平。其中，本科和高职高专院校 2015 届毕业生毕业半年内离职率分别为 24%、43%，与 2014 届（分别为 23%、42%）基本持平。

表 1 - 1 - 34 是 2014 届、2015 届高职高专主要专业大类毕业生毕业半年内的离职率。可以看出，在 2015 届高职高专专业大类中，医药卫生大类半年内离职率最低（22%），艺术设计传媒大类半年内离职率最高（54%）。

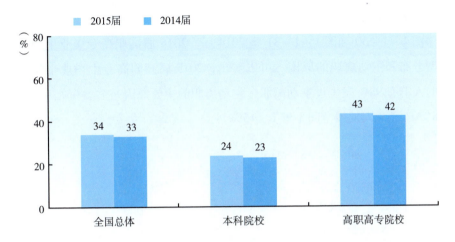

图 1－1－29　2014 届、2015 届大学生毕业半年内的离职率

数据来源：麦可思－中国2014届、2015届大学毕业生培养质量跟踪评价。

**表 1－1－34　2014 届、2015 届高职高专主要专业大类毕业生毕业半年内的离职率*

单位：%

高职高专专业大类名称	2015 届	2014 届
医药卫生大类	22	20
材料与能源大类	26	26
交通运输大类	36	32
资源开发与测绘大类	40	40
文化教育大类	41	41
农林牧渔大类	41	45
生化与药品大类	42	41
制造大类	42	43
土建大类	43	39
环保、气象与安全大类	43	44
公共事业大类	46	46
轻纺食品大类	46	45
财经大类	48	47
旅游大类	48	47
电子信息大类	49	49
艺术设计传媒大类	54	51
全国高职高专	**43**	**42**

*个别专业大类因为样本较少，没有包括在内。

数据来源：麦可思－中国2014届、2015届大学毕业生培养质量跟踪评价。

2. 离职类型

图 1 – 1 – 30 和图 1 – 1 – 31 是 2014 届、2015 届高职高专毕业生的离职类型分布和主动离职的原因。可以看出，2015 届高职高专生毕业半年内离职的人群有 98% 发生过主动离职，主动离职的主要原因是"薪资福利偏低"（48%）、"个人发展空间不够"（46%）。

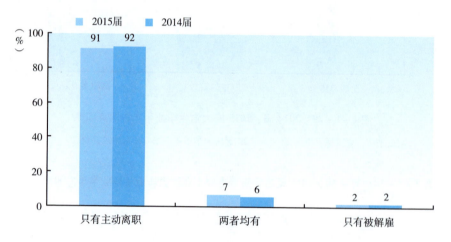

图 1 – 1 – 30　2014 届、2015 届高职高专毕业生的离职类型分布

数据来源：麦可思 – 中国 2014 届、2015 届大学毕业生培养质量跟踪评价。

3. 主动离职原因

（六）专业预警

红牌专业：失业量较大，就业率、月收入和就业满意度综合较低的专业，为高失业风险型专业。

黄牌专业：除红牌专业外，失业量较大，就业率、月收入和就业满意度综合较低的专业。

绿牌专业：失业量较小，就业率、月收入和就业满意度综合较高的专业，为需求增长型专业。

出现红、黄牌专业的原因既可能是供大于求，也可能是培养质量达不到岗位需求，而这是导致大学毕业生找不到工作与企业招不到人才的原因之

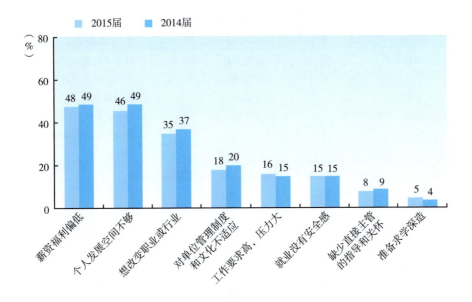

图1-1-31　2014届、2015届高职高专毕业生主动离职的原因（多选）

数据来源：麦可思-中国2014届、2015届大学毕业生培养质量跟踪评价。

一。专业预警分析可以引导政府和高校主动调整学科专业设置，提高人才培养质量，增强高等教育的人才培养对社会需求的质与量的敏感度和反应性，从而更好地建立与社会需求相适应的专业结构。

表1-1-35是2016年高职高专"红黄绿牌"专业。2016年高职高专就业红牌专业包括：法律事务、语文教育、工程监理、建筑工程管理、税务；黄牌专业包括：会计电算化、图形图像制作、影视动画、应用日语。以上专业部分与2015年的红黄牌专业相同，属于失业量较大，就业率、薪资和就业满意度综合较低的高失业风险型专业，这些专业具有持续性。

2016年高职高专就业绿牌专业包括：铁道工程技术、电力系统自动化技术、市场营销、房地产经营与估价、发电厂及电力系统、视觉传达。以上专业部分与2015年的绿牌专业相同，属于失业量较小，就业率、薪资和就业满意度综合较高的需求增长型专业。

表 1–1–35　2016 年高职高专"红黄绿牌"专业

红牌专业	黄牌专业	绿牌专业
法律事务	会计电算化	铁道工程技术
语文教育	图形图像制作	电力系统自动化技术
工程监理	影视动画	市场营销
建筑工程管理	应用日语	房地产经营与估价
税务		发电厂及电力系统
		视觉传达

数据来源：麦可思–中国 2013~2015 届大学毕业生培养质量跟踪评价。

第二章
自主创业

一 自主创业比例

图 1-2-1 是 2013~2015 届大学毕业生自主创业的比例变化趋势。可以看出,2015 届大学毕业生自主创业比例为 3.0%,比 2014 届(2.9%)略高,比 2013 届(2.3%)高 0.7 个百分点。2015 届高职高专毕业生自主创业比例(3.9%)高于本科毕业生(2.1%)。从近三届的趋势可以看出,大学毕业生自主创业的比例呈现上升趋势。

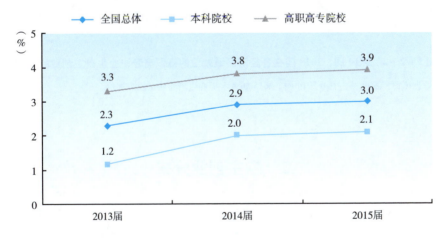

图 1-2-1　2013~2015 届大学毕业生自主创业的比例变化趋势

数据来源:麦可思-中国 2013~2015 届大学毕业生培养质量跟踪评价。

就业经济区域自主创业比例 = 在本经济区域自主创业的毕业生人数/在本经济区域就业的毕业生人数。

图1－2－2是2014届、2015届在各经济区域就业的高职高专毕业生自主创业的比例。可以看出，2015届高职高专毕业生自主创业比例最高的就业经济区域为中原区域经济体（5.1%），其次是泛长江三角洲区域经济体（4.9%）。

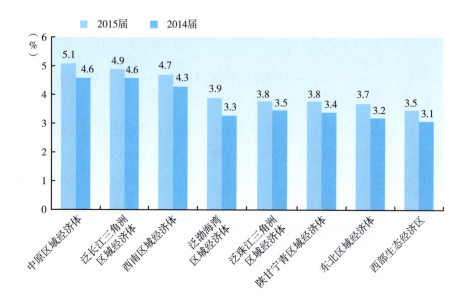

图1－2－2　2014届、2015届在各经济区域就业的高职高专毕业生自主创业的比例

数据来源：麦可思－中国2014届、2015届大学毕业生培养质量跟踪评价。

二　自主创业分布

（一）创业人群分布

毕业三年后：麦可思于2015年对2012届大学毕业生进行了三年后调查跟踪（曾于2013年初对这批大学毕业生进行过半年后调查），本报告涉及的三年内的变化分析即使用两次对同一批大学生的跟踪调查数据。

图1－2－3是2012届大学生毕业半年后自主创业的比例（与2012届三

年后对比）。可以看出，2012届大学生毕业半年后有2.0%的人自主创业（本科为1.2%，高职高专为2.9%），三年后有5.7%的人自主创业（本科为3.7%，高职高专为7.7%），说明有更多的毕业生在毕业三年内选择了自主创业。

图1-2-3 2012届大学生毕业半年后自主创业的比例（与2012届三年后对比）

数据来源：麦可思-中国2012届大学毕业生半年后培养质量跟踪评价，2012届大学毕业生三年后职业发展跟踪评价。

图1-2-4是2012届高职高专生毕业半年后自主创业人群在毕业三年后的就业去向分布。可以看出，毕业半年后自主创业的2012届高职高专毕业生中有47.5%的人三年后还在继续自主创业，比2011届（48.9%）减少了1.4个百分点；有48.4%的人选择了受雇全职工作，比2011届（42.7%）增加了5.7个百分点。

（二）职业分布

自主创业集中的职业类比例：自主创业人群中有多大比例的毕业生从事该职业类，计算公式的分子是自主创业人群中从事该职业类的毕业生人数，分母是毕业生自主创业的总人数。

图1-2-5是2015届高职高专生毕业半年后自主创业最集中的前五位

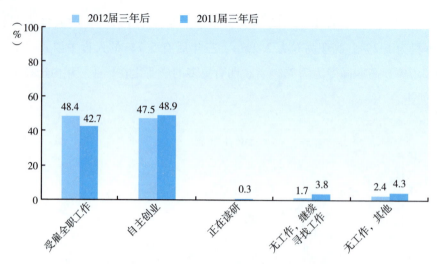

图 1－2－4　2012 届高职高专生毕业半年后自主创业人群在毕业三年后的
就业去向分布（与 2011 届三年后对比）

数据来源：麦可思－中国 2011 届、2012 届大学毕业生三年后职业发展跟踪评价，2011
届、2012 届大学毕业生半年后培养质量跟踪评价。

职业类。可以看出，2015 届高职高专生毕业半年后自主创业主要集中在销
售职业类（16.5%）。

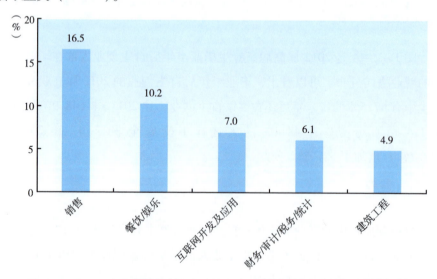

图 1－2－5　2015 届高职高专生毕业半年后自主创业最集中的前五位职业类

数据来源：麦可思－中国 2015 届大学毕业生培养质量跟踪评价。

图1-2-6是2012届高职高专生毕业三年后自主创业最集中的前五位职业类。可以看出，2012届高职高专生毕业三年后自主创业也主要集中在销售职业类（19.9%）。

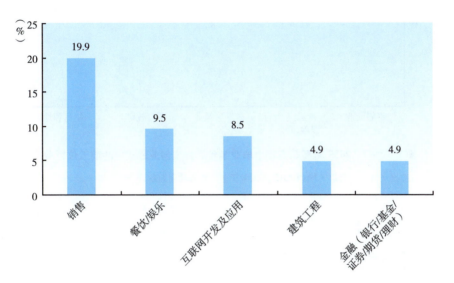

图1-2-6 2012届高职高专生毕业三年后自主创业最集中的前五位职业类

数据来源：麦可思-中国2012届大学毕业生三年后职业发展跟踪评价。

（三）行业分布

自主创业集中的行业类比例： 自主创业人群中有多大比例毕业生在该行业类就业，计算公式的分子是自主创业人群中在该行业类就业的毕业生人数，分母是毕业生自主创业的总人数。

图1-2-7是2015届高职高专生毕业半年后自主创业最集中的前五位行业类。可以看出，2015届高职高专生毕业半年后自主创业主要集中在零售商业（13.2%）。

图1-2-8是2012届高职高专生毕业三年后自主创业最集中的前五位行业类。可以看出，2012届高职高专生毕业三年后自主创业也主要集中在零售商业（16.3%）。

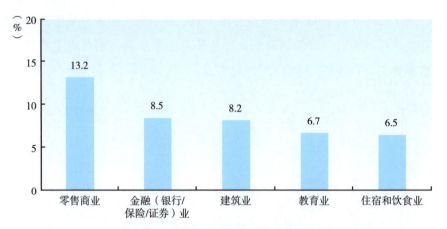

图1－2－7　2015届高职高专生毕业半年后自主创业最集中的前五位行业类

数据来源：麦可思－中国2015届大学毕业生培养质量跟踪评价。

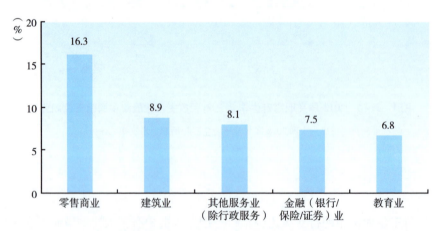

图1－2－8　2012届高职高专生毕业三年后自主创业最集中的前五位行业类

数据来源：麦可思－中国2012届大学毕业生三年后职业发展跟踪评价。

三　自主创业月收入

图1－2－9是2015届高职高专生毕业半年后自主创业的月收入。可以看出，2015届高职高专生毕业半年后自主创业人群的月收入为4601元，比2015届高职高专生毕业半年后平均月收入（3409元）高1192元。

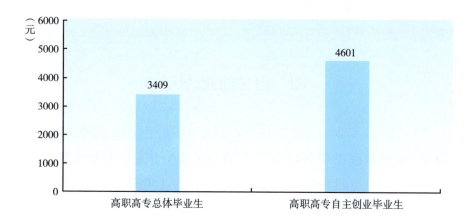

图 1 - 2 - 9　2015 届高职高专生毕业半年后自主创业的月收入

数据来源：麦可思 - 中国 2015 届大学毕业生培养质量跟踪评价。

图 1 - 2 - 10 是 2012 届高职高专生毕业半年后自主创业的月收入（与 2012 届三年后对比）。可以看出，2012 届高职高专生毕业半年后自主创业人群的月收入为 3757 元，在三年后为 7916 元，涨幅为 111%，明显高于 2012

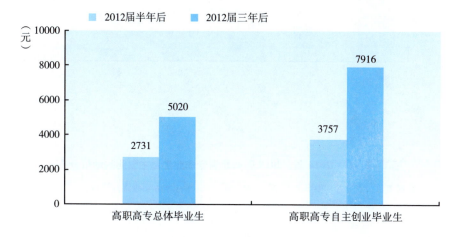

图 1 - 2 - 10　2012 届高职高专生毕业半年后自主创业的
月收入（与 2012 届三年后对比）

数据来源：麦可思 - 中国 2012 届大学毕业生半年后培养质量跟踪评价，2012 届大学毕业生三年后职业发展跟踪评价。

届高职高专毕业生平均水平（半年后为 2731 元、三年后为 5020 元、涨幅为84%）。

四 自主创业动机

图 1 – 2 – 11 是 2014 届、2015 届高职高专毕业生自主创业的动机分布。可以看出，创业理想是 2015 届高职高专毕业生自主创业最重要的动力（46%），选择自主创业的毕业生中，绝大多数（86%）属于"机会型创业"①，只有 6% 属于"生存型创业"。

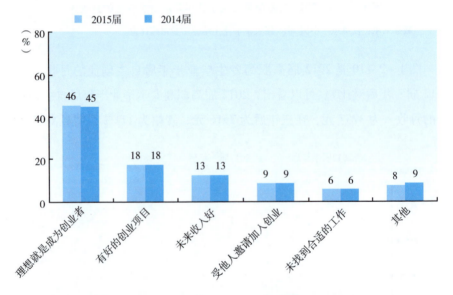

图 1 – 2 – 11 2014 届、2015 届高职高专毕业生自主创业的动机分布

数据来源：麦可思 – 中国 2014 届、2015 届大学毕业生培养质量跟踪评价。

---

① 机会型创业指的是为了抓住和充分利用市场机会而进行的创业；生存型创业指的是创业者因找不到合适的工作而进行的创业。该理论由全球创业观察（Global Entrepreneurship Monitor）2001 年报告首次提出。其中，机会型创业包括：理想就是成为创业者、有好的创业项目、受他人邀请加入创业、未来收入好；生存型创业包括：未找到合适的工作。

五　自主创业资金来源

图 1 - 2 - 12 是 2014 届、2015 届高职高专毕业生自主创业的资金来源分布。可以看出，2015 届高职高专毕业生自主创业的资金主要依靠父母/亲友投资或借贷和个人积蓄（75%），而来自政府资助（3%）、商业性风险投资（3%）的比例均较小。

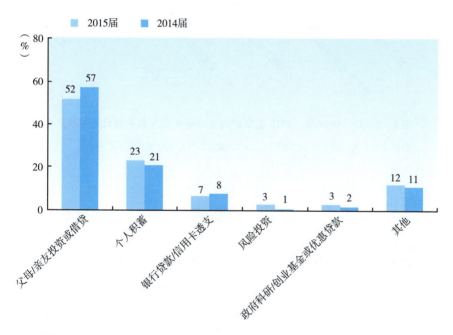

图 1 - 2 - 12　2014 届、2015 届高职高专毕业生自主创业的资金来源分布

数据来源：麦可思 - 中国 2014 届、2015 届大学毕业生培养质量跟踪评价。

六　自主创业风险

图 1 - 2 - 13 是 2014 届、2015 届高职高专毕业生自主创业的风险因素分布。可以看出，2015 届高职高专毕业生自主创业的主要风险因素为缺少资金（29%），其后是缺乏企业管理经验（25%）、市场推广困难（21%）。

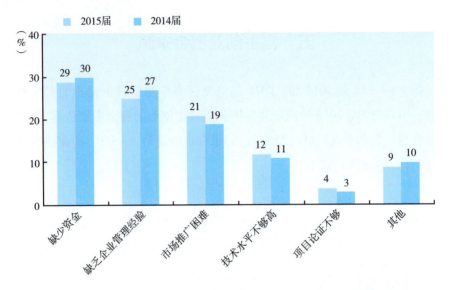

图 1 - 2 - 13　2014 届、2015 届高职高专毕业生自主创业的风险因素分布

数据来源：麦可思 - 中国 2014 届、2015 届大学毕业生培养质量跟踪评价。

七　创新能力

创新能力：指 35 项基本工作能力中与创新能力相关的几项能力，包括科学分析、批判性思维、积极学习、新产品构思四项能力。

图 1 - 2 - 14 是 2015 届大学毕业生的创新能力指标。可以看出，2015 届大学毕业生毕业时掌握的创新能力水平为 54%（本科为 55%，高职高专为 53%），毕业生创新能力的满足度为 83%（本科和高职高专均为 83%）。

八　创业教育

图 1 - 2 - 15 是 2014 届、2015 届高职高专自主创业毕业生认为对创业有帮助的活动分布。可以看出，2015 届高职高专自主创业的毕业生认为对创业最有帮助的活动为"假期实习/课外兼职"（38%），其后为"大学的模

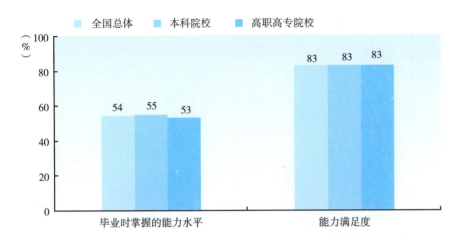

图 1 – 2 – 14　2015 届大学毕业生的创新能力指标

数据来源：麦可思 – 中国 2015 届大学毕业生培养质量跟踪评价。

拟创业活动，如创业大赛等"（17%）、"学校和政府提供的创业培训和咨询"（16%）等。

创新创业教育课程：指被调查的毕业生在大学期间参加过的创新创业教育课程，包括"创新研究方法类"、"学科前沿知识类"、"创业基础（能力素质培养）类"、"创业指导（实务操作）类"、"其他创新教育课程"、"其他创业教育课程"，一个毕业生可以选择参加多类课程，也可以选择"没有参加过"。

创新创业教育课程有效性：毕业生选择了参加某类创新创业教育课程后，会被要求评价该类课程对其工作或学习是否有帮助。创新创业教育课程有效性 = 参加过该类课程并表示有帮助的人数/参加过该类课程的人数。

图 1 – 2 – 16 是 2015 届高职高专毕业生接受母校提供的创新创业教育课程及认为其有效的比例。可以看出，2015 届高职高专毕业生接受母校提供的创新创业教育课程主要是创业基础（能力素质培养）类（37%），其次是创业指导（实务操作）类（33%）；在毕业生参加的创新创业教育课程中，创新研究方法类（88%）和学科前沿知识类（85%）课程的有效性较高，但覆盖面较小。

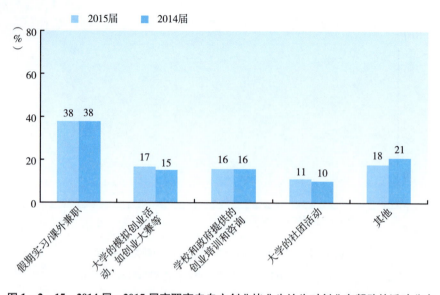

图1-2-15 2014届、2015届高职高专自主创业毕业生认为对创业有帮助的活动分布

数据来源：麦可思-中国2014届、2015届大学毕业生培养质量跟踪评价。

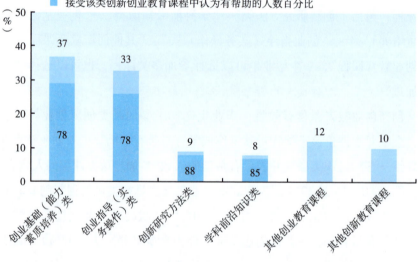

**图1-2-16 2015届高职高专毕业生接受母校提供的创新创业
教育课程及认为其有效的比例（多选）**

数据来源：麦可思-中国2015届大学毕业生培养质量跟踪评价。

图 1 - 2 - 17 是 2015 届高职高专毕业生认为母校创新创业教育需要改进的地方。可以看出，2015 届高职高专毕业生认为创新创业教育最需要改进的地方是"创新创业实践类活动不足"（51%），其后是"创新创业教育课程缺乏"（42%）、"教学方法不适用于创新创业教育"（34%）等。

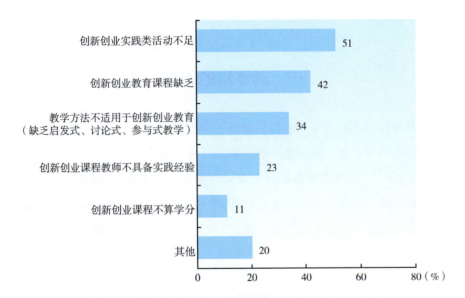

**图 1 - 2 - 17　2015 届高职高专毕业生认为母校创新创业教育
需要改进的地方（多选）**

数据来源：麦可思 - 中国 2015 届大学毕业生培养质量跟踪评价。

B.5
第三章
专升本

一 读本科的比例

专升本：指高职高专毕业生后继续就读本科。有专升本、专插本、专接本、专转本多种形式，本报告中统一称为"专升本"。

表 1-3-1 是 2015 届高职高专主要专业大类读本科的比例。可以看出，2015 届高职高专毕业生毕业后有 4.7% 选择了读本科，毕业生读本科比例最高的高职高专专业大类是文化教育大类（7.6%），最低的是资源开发与测绘大类（2.2%）。

表 1-3-1 2015 届高职高专主要专业大类读本科的比例*

单位：%

高职高专专业大类名称	2015 届	2014 届
文化教育大类	7.6	7.0
财经大类	6.3	5.1
农林牧渔大类	5.7	4.2
环保、气象与安全大类	5.3	3.2
艺术设计传媒大类	5.2	4.6
医药卫生大类	5.0	5.8
电子信息大类	4.6	4.0
生化与药品大类	4.3	4.2
旅游大类	4.2	4.6
土建大类	3.6	3.1
轻纺食品大类	3.5	3.5
公共事业大类	3.5	4.2

续表

高职高专专业大类名称	2015 届	2014 届
材料与能源大类	3.2	2.6
制造大类	2.8	3.0
交通运输大类	2.7	2.0
资源开发与测绘大类	2.2	2.9
全国高职高专	**4.7**	**4.2**

* 个别专业大类因为样本较少，没有包括在内。

数据来源：麦可思 – 中国 2015 届大学毕业生培养质量跟踪评价。

二 读本科的原因

图 1 – 3 – 1 是 2014 届、2015 届高职高专毕业生选择读本科的原因分布。可以看出，2015 届高职高专毕业生选择读本科的主要原因是职业发展需要（28%）、想去更好的大学（27%）和就业前景好（25%）。

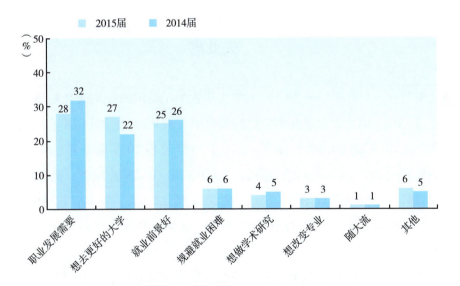

图 1 – 3 – 1　2014 届、2015 届高职高专毕业生选择读本科的原因分布

数据来源：麦可思 – 中国 2014 届、2015 届大学毕业生培养质量跟踪评价。

B.6

第四章
未就业分析

未就业： 本研究将应届大学毕业生在毕业半年后调查时没有全职或者半职雇用工作，也没有创业、入伍或升学的状态，视为未就业。这包括准备考研、准备出国读研、还在找工作和"待定族"四种情况。

待定族： 指调查时处于失业状态且不打算求职和求学的大学毕业生。

失业率 = 未就业毕业生数/需就业的总毕业生数，需就业的总毕业生数不包括国内外读研（本科毕业生）、读本科（高职高专毕业生）的人数。

一　失业率

图1-4-1是2013～2015届大学生毕业半年后的失业率变化趋势。可以看出，2015届大学生毕业半年后的失业率（8.3%）比2014届（7.9%）略高，比2013届（8.6%）略低。其中，本科院校2015届毕业生失业率（7.8%）比2014届（7.4%）略高，比2013届（8.2%）略低；高职高专院校2015届毕业生失业率（8.8%）比2014届（8.5%）略高，比2013届（9.1%）略低。从近三届的趋势可以看出，大学生毕业半年后失业率呈现平稳态势。

图1-4-2是2015届高职高专毕业人数最多的100个专业中失业率最高的10个专业。可以看出，2015届高职高专毕业生失业率最高的专业为语文教育（16.7%），其次为法律事务（16.0%）。

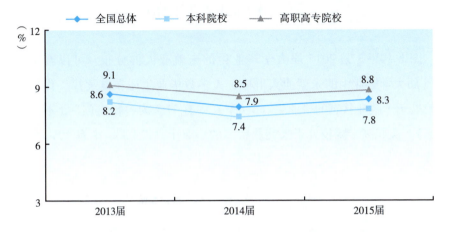

图 1 – 4 – 1 2013～2015 届大学生毕业半年后的失业率变化趋势

数据来源：麦可思 – 中国 2013～2015 届大学毕业生培养质量跟踪评价。

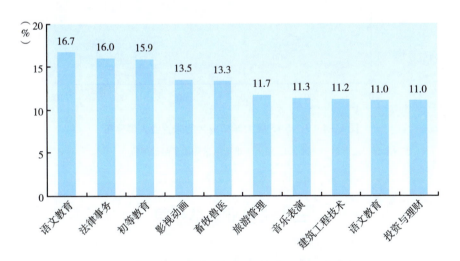

图 1 – 4 – 2 2015 届高职高专毕业人数最多的 100 个
专业中失业率最高的 10 个专业

数据来源：麦可思 – 中国 2015 届大学毕业生培养质量跟踪评价。

二 未就业人群分布

图 1－4－3 是 2015 届大学毕业生的未就业人群分布。可以看出，在 2015 届大学毕业生的未就业人群中，大多数毕业生还在继续找工作。本科院校处于未就业状态的毕业生（6.6%）中有 27% 为"待定族"（不求学不求职），高职高专院校处于未就业状态的毕业生（8.4%）中有 40% 为"待定族"。

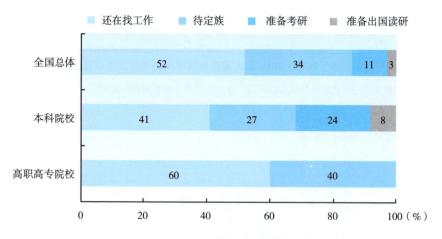

图 1－4－3　2015 届大学毕业生的未就业人群分布

数据来源：麦可思－中国 2015 届大学毕业生培养质量跟踪评价。

三 未就业人群打算

图 1－4－4 是 2015 届大学毕业生的"待定族"打算分布。可以看出，在 2015 届本科院校毕业半年后的"待定族"中，有 28% 的毕业生在准备公务员考试，有 11% 的毕业生准备创业。在高职高专院校毕业半年后的"待定族"中，有 20% 的毕业生准备创业，有 10% 的毕业生在准备公务员考试。

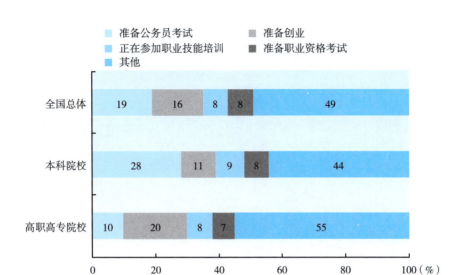

图 1 - 4 - 4　2015 届大学毕业生的"待定族"打算分布

数据来源：麦可思 - 中国 2015 届大学毕业生培养质量跟踪评价。

分报告二　中期职业发展报告

B.7
第一章
职位晋升

一　职位晋升比例

（一）总体职位晋升比例

毕业三年后： 麦可思于 2015 年对 2012 届大学毕业生进行了三年后调查跟踪（曾于 2013 年初对这批大学毕业生进行过半年后调查），本报告涉及的三年内的变化分析即使用两次对同一批大学生的跟踪调查数据。

职位晋升： 由已经工作的毕业生回答是否获得职位晋升以及获得晋升的次数。职位晋升是指享有比前一个职位更多的职权并承担更多的责任，由毕业生主观判断。这既包括不换雇主的内部提升，也包括通过更换雇主实现的晋升。

图 2 - 1 - 1 是 2012 届大学生毕业三年内平均获得职位晋升的比例。可以

看出，2012届大学生毕业三年内有56%的人获得职位晋升，与2011届（57%）基本持平。其中，本科毕业生这一比例为53%，低于高职高专毕业生的晋升比例（59%），均与2011届（本科为54%，高职高专为60%）基本持平。

图2-1-1　2012届大学生毕业三年内平均获得职位晋升的
比例（与2011届三年内对比）

数据来源：麦可思-中国2011届、2012届大学毕业生三年后职业发展跟踪评价。

（二）各专业大类的职位晋升比例

表2-1-1是2012届高职高专主要专业大类毕业生毕业三年内平均获得职位晋升的比例。可以看出，2012届高职高专旅游大类毕业生毕业三年内获得职位晋升的比例最高（66%），医药卫生大类最低（44%）。

表2-1-1　2012届高职高专主要专业大类毕业生毕业三年内平均获得职位晋升的比例*

单位：%

高职高专专业大类名称	获得职位晋升的比例	高职高专专业大类名称	获得职位晋升的比例
旅游大类	66	电子信息大类	59
轻纺食品大类	62	制造大类	59
财经大类	61	艺术设计传媒大类	59
农林牧渔大类	60	生化与药品大类	56

续表

高职高专专业大类名称	获得职位晋升的比例	高职高专专业大类名称	获得职位晋升的比例
交通运输大类	60	文化教育大类	56
材料与能源大类	60	医药卫生大类	44
土建大类	59	**全国高职高专**	**59**

* 个别专业大类因为样本较少，没有包括在内。
数据来源：麦可思 – 中国2012届大学毕业生三年后职业发展跟踪评价。

（三）主要职业的职位晋升比例

表2-1-2是2012届高职高专主要职业类毕业生毕业三年内平均获得职位晋升的比例。可以看出，2012届从事"经营管理"职业类的高职高专毕业生毕业三年内获得职位晋升的比例最高（87%）；从事"公安/检察/法院/经济执法"职业类的毕业生职位晋升的比例最低（35%），其次是"医疗保健/紧急救助"（36%）。

表2-1-2 2012届高职高专主要职业类毕业生毕业三年内平均获得职位晋升的比例*

单位：%

高职高专职业类名称	获得职位晋升的比例	高职高专职业类名称	获得职位晋升的比例
经营管理	87	电力/能源	61
表演艺术/影视	74	物流/采购	61
餐饮/娱乐	74	电气/电子(不包括计算机)	61
酒店/旅游/会展	73	建筑工程	60
房地产经营	71	社区工作者	59
人力资源	70	媒体/出版	58
高等教育/职业培训	70	服装/纺织/皮革	58
美术/设计/创意	68	交通运输/邮电	58
金融(银行/基金/证券/期货/理财)	67	计算机与数据处理	57
销售	67	财务/审计/税务/统计	56
保险	67	生物/化工	53
生产/运营	66	机械/仪器仪表	52
工业安全与质量	65	行政/后勤	49

续表

高职高专职业类名称	获得职位晋升的比例	高职高专职业类名称	获得职位晋升的比例
互联网开发及应用	65	中小学教育	48
机动车机械/电子	64	医疗保健/紧急救助	36
幼儿与学前教育	63	公安/检察/法院/经济执法	35
测绘	63	**全国高职高专**	**59**
农/林/牧/渔类	63		

* 个别职业类因为样本较少，没有包括在内。

数据来源：麦可思 – 中国 2012 届大学毕业生三年后职业发展跟踪评价。

（四）主要行业的职位晋升比例

表 2 – 1 – 3 是 2012 届高职高专主要行业类毕业生毕业三年内平均获得职位晋升的比例。可以看出，2012 届在"住宿和饮食业"就业的高职高专毕业生毕业三年内获得职位晋升的比例最高（77%），其次是"艺术、娱乐和休闲业"（72%）；在"政府及公共管理"就业的毕业生职位晋升的比例最低（37%），其次是"医疗和社会护理服务业"（42%）。

表 2 – 1 – 3 2012 届高职高专主要行业类毕业生毕业三年内平均获得职位晋升的比例*

单位：%

高职高专行业类名称	获得职位晋升的比例	高职高专行业类名称	获得职位晋升的比例
住宿和饮食业	77	初级金属制造业	61
艺术、娱乐和休闲业	72	建筑业	61
其他服务业（除行政服务）	68	教育业	59
食品、烟草、加工业	68	运输业	58
房地产开发销售租赁及其他租赁业	68	水电煤气公用事业	58
各类专业设计与咨询服务业	66	纺织皮革及成品加工业	57
金融（银行/保险/证券）业	65	行政、商业和环境保护辅助业	57
电子电气仪器设备及电脑制造业	64	交通工具制造业	56
零售商业	64	化学品、化工、塑胶业	55
批发商业	63	机械五金制造业	53

高职高专行业类名称	获得职位晋升的比例	高职高专行业类名称	获得职位晋升的比例
农业、林业、渔业和畜牧业	63	矿业	48
木品和纸品业	63	医疗和社会护理服务业	42
邮递、物流及仓储业	63	政府及公共管理	37
家具、医疗设备及其他制成品业	62	**全国高职高专**	**59**
媒体、信息及通信产业	61		

* 个别行业类因为样本较少，没有包括在内。

数据来源：麦可思 – 中国 2012 届大学毕业生三年后职业发展跟踪评价。

二　职位晋升次数

（一）总体职位晋升次数

职位晋升次数：由毕业生回答获得职位晋升的次数，计算公式的分子是三年内毕业生获得的职位晋升次数，没有获得职位晋升的人记为 0 次，分母是三年内就业和就业过的毕业生数。

图 2 – 1 – 2 是 2012 届大学生毕业三年内平均获得职位晋升的次数。可以看出，2012 届大学生毕业三年内平均获得职位晋升 0.9 次，与 2011 届（0.9 次）持平。其中，本科毕业生为 0.8 次，略低于高职高专毕业生（1.0次），均与 2011 届（本科为 0.8 次、高职高专为 1.0 次）持平。

图 2 – 1 – 3 是 2012 届高职高专生毕业三年内平均获得职位晋升的频度。可以看出，2012 届高职高专生毕业三年内有 30% 获得过 1 次晋升，有 10% 获得过 3 次及以上的晋升。

（二）各专业大类的职位晋升次数

表 2 – 1 – 4 是 2012 届高职高专主要专业大类毕业生毕业三年内平均获得职位晋升的次数。可以看出，2012 届高职高专旅游大类毕业生毕业三年

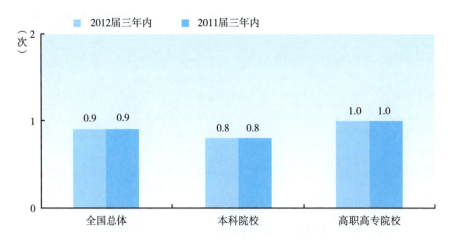

图 2 - 1 - 2　2012 届大学生毕业三年内平均获得职位晋升的次数
（与 2011 届三年内对比）

数据来源：麦可思 - 中国 2011 届、2012 届大学毕业生三年后职业发展跟踪评价。

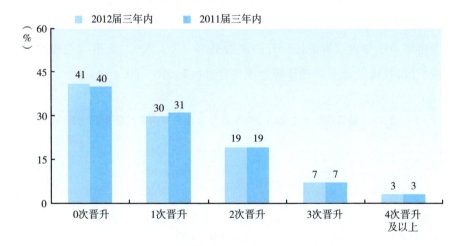

图 2 - 1 - 3　2012 届高职高专生毕业三年内平均获得职位
晋升的频度（与 2011 届三年内对比）

数据来源：麦可思 - 中国 2011 届、2012 届大学毕业生三年后职业发展跟踪评价。

内获得职位晋升的次数最多（1.2 次），医药卫生大类毕业生毕业三年内获得职位晋升的次数最少（0.6 次）。

表 2 - 1 - 4 2011届主要专业大类毕业生毕业三年内平均获得职位晋升的次数 *

单位：次

高职高专专业大类名称	获得职位晋升的次数	高职高专专业大类名称	获得职位晋升的次数
旅游大类	1.2	土建大类	1.0
轻纺食品大类	1.1	制造大类	1.0
电子信息大类	1.1	生化与药品大类	1.0
艺术设计传媒大类	1.1	交通运输大类	1.0
农林牧渔大类	1.1	文化教育大类	0.9
材料与能源大类	1.1	医药卫生大类	0.6
财经大类	1.1	**全国高职高专**	**1.0**

* 个别专业大类因为样本较少，没有包括在内。

数据来源：麦可思－中国2012届大学毕业生三年后职业发展跟踪评价。

（三）主要职业的职位晋升次数

表 2 - 1 - 5 是 2012 届高职高专主要职业类毕业生毕业三年内平均获得职位晋升的次数。可以看出，2012 届从事"经营管理"职业类的高职高专毕业生毕业三年内获得职位晋升的次数最多（2.1 次），从事"公安/检察/法院/经济执法"职业类的毕业生职位晋升次数最少（0.4 次）。

表 2 - 1 - 5 2012届高职高专主要职业类毕业生毕业三年内平均获得职位晋升的次数 *

单位：次

高职高专职业类名称	获得职位晋升的次数	高职高专职业类名称	获得职位晋升的次数
经营管理	2.1	建筑工程	1.1
餐饮/娱乐	1.7	电气/电子（不包括计算机）	1.0
表演艺术/影视	1.6	物流/采购	1.0
高等教育/职业培训	1.5	幼儿与学前教育	1.0
房地产经营	1.4	计算机与数据处理	1.0
酒店/旅游/会展	1.3	机动车机械/电子	0.9
金融（银行/基金/证券/期货/理财）	1.3	媒体/出版	0.9
人力资源	1.3	机械/仪器仪表	0.9
服装/纺织/皮革	1.3	财务/审计/税务/统计	0.9
美术/设计/创意	1.3	交通运输/邮电	0.8

续表

高职高专职业类名称	获得职位晋升的次数	高职高专职业类名称	获得职位晋升的次数
互联网开发及应用	1.2	社区工作者	0.8
保险	1.2	中小学教育	0.8
销售	1.2	行政/后勤	0.7
农/林/牧/渔类	1.2	医疗保健/紧急救助	0.6
工业安全与质量	1.2	生物/化工	0.6
测绘	1.1	公安/检察/法院/经济执法	0.4
生产/运营	1.1	**全国高职高专**	**1.0**
电力/能源	1.1		

* 个别职业类因为样本较少，没有包括在内。

数据来源：麦可思－中国 2012 届大学毕业生三年后职业发展跟踪评价。

（四）主要行业的职位晋升次数

表 2－1－6 是 2012 届高职高专主要行业类毕业生毕业三年内平均获得职位晋升的次数。可以看出，2012 届在"住宿和饮食业"就业的高职高专毕业生获得职位晋升的次数最多（1.7 次），在"政府及公共管理"就业的毕业生获得职位晋升的次数最少（0.4 次）。

表 2－1－6　2012 届高职高专主要行业类毕业生毕业三年内平均获得职位晋升的次数 *

单位：次

高职高专行业类名称	获得职位晋升的次数	高职高专行业类名称	获得职位晋升的次数
住宿和饮食业	1.7	家具、医疗设备及其他制成品业	1.1
艺术、娱乐和休闲业	1.5	建筑业	1.1
食品、烟草、加工业	1.2	水电煤气公用事业	1.0
房地产开发销售租赁及其他租赁业	1.2	教育业	1.0
零售商业	1.2	木品和纸品业	1.0
金融(银行/保险/证券)业	1.2	交通工具制造业	0.9
各类专业设计与咨询服务业	1.2	机械五金制造业	0.9
初级金属制造业	1.1	行政、商业和环境保护辅助业	0.9
其他服务业(除行政服务)	1.1	运输业	0.8
邮递、物流及仓储业	1.1	化学品、化工、塑胶业	0.8

续表

高职高专行业类名称	获得职位晋升的次数	高职高专行业类名称	获得职位晋升的次数
农业、林业、渔业和畜牧业	1.1	医疗和社会护理服务业	0.6
批发商业	1.1	矿业	0.6
纺织皮革及成品加工业	1.1	政府及公共管理	0.4
电子电气仪器设备及电脑制造业	1.1	**全国高职高专**	**1.0**
媒体、信息及通信产业	1.1		

* 个别行业类因为样本较少，没有包括在内。

数据来源：麦可思－中国 2012 届大学毕业生三年后职业发展跟踪评价。

三　职位晋升类型

图 2 – 1 – 4 是 2012 届高职高专生毕业三年后职位晋升的类型。可以看出，2012 届高职高专毕业生职位晋升的类型主要是薪资的增加（73%）、工作职责的增加（68%）。

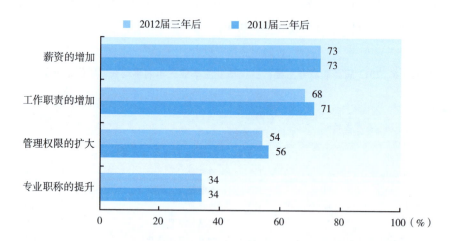

图 2 – 1 – 4　2012 届高职高专生毕业三年后职位晋升的类型（多选）
（与 2011 届三年后对比）

数据来源：麦可思－中国 2011 届、2012 届大学毕业生三年后职业发展跟踪评价。

四　职位晋升水平

图 2 - 1 - 5 是 2012 届高职高专生毕业三年后职位晋升的水平分布。可以看出，2012 届高职高专生毕业三年后职位晋升的水平主要是"经验操作到过程管理"（38%），其次是"技术技能新手到熟手"（22%）。

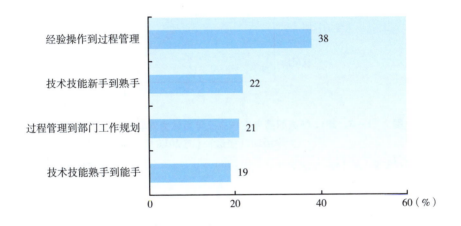

图 2 - 1 - 5　2012 届高职高专生毕业三年后职位晋升的水平分布

数据来源：麦可思 - 中国 2012 届大学毕业生三年后职业发展跟踪评价。

五　对职位晋升有帮助的大学活动

图 2 - 1 - 6 是 2012 届高职高专生毕业三年后认为对职位晋升有帮助的大学活动。可以看出，2012 届高职高专毕业生认为对职位晋升有帮助的大学活动主要是假期实习/课外兼职（31%），其后是课外自学的知识和技能（含培训）（30%）、扩大社会人脉关系（29%）、课堂上所学的知识和技能（28%）等。

**图 2 -1 -6 2012 届高职高专生毕业三年后认为对职位晋升有帮助的
大学活动（多选）（与 2011 届三年后对比）**

数据来源：麦可思 - 中国 2011 届、2012 届大学毕业生三年后职业发展跟踪评价。

一　总体月收入与涨幅

月收入增长 = 毕业三年后的月收入 – 毕业半年后的月收入。

月收入涨幅 = 月收入增长/毕业半年后的月收入。

图2–2–1是2012届大学生毕业三年后的月收入。可以看出，2012届大学生毕业三年后平均月收入为5696元（本科为6371元，高职高专为5020元）。2012届大学生毕业半年后的月收入为3048元（本科为3366元，高职高专为2731元），三年来月收入增长2648元，涨幅为

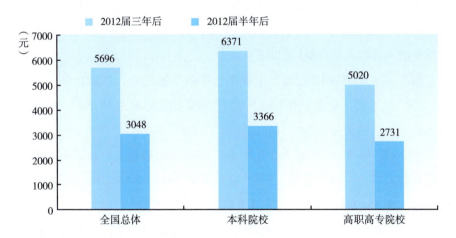

图2–2–1　2012届大学生毕业三年后的月收入（与2012届半年后对比）

数据来源：麦可思–中国2012届大学毕业生三年后职业发展跟踪评价，2012届大学毕业生半年后培养质量跟踪评价。

87%。其中，本科增长 3005 元，涨幅为 89%；高职高专增长 2289 元，涨幅为 84%。

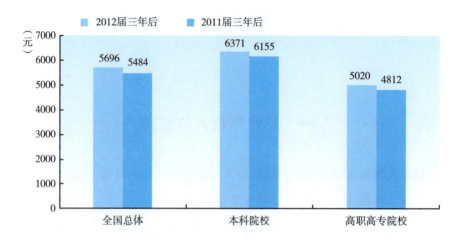

图 2 - 2 - 2   2012 届大学生毕业三年后的月收入（与 2011 届三年后对比）

数据来源：麦可思 - 中国 2011 届、2012 届大学毕业生三年后职业发展跟踪评价。

图 2 - 2 - 3 是 2012 届高职高专生毕业三年后的月收入分布。可以看出，2012 届高职高专生毕业三年后有 6.7% 的人月收入在 10000 元及以上，有 13.3% 的人月收入在 3000 元以下。

图 2 - 2 - 4 是 2012 届大学生毕业三年后学历提升人群的比例。可以看出，2012 届本科生毕业三年后学历提升为硕士的比例为 15.8%，高职高专生毕业三年后学历提升为本科的比例为 31.6%。

图 2 - 2 - 5 是 2012 届大学生毕业三年后学历提升人群和学历未提升人群的月收入对比。可以看出，2012 届大学毕业生毕业三年后学历提升人群的月收入为 5547 元，略低于学历未提升人群的月收入（5741 元）。其中，本科毕业三年后学历为硕士人群的月收入为 6206 元，学历仍然为本科人群的月收入为 6402 元。高职高专毕业三年后学历为本科人群的月收入为 4888 元，学历仍然为高职高专人群的月收入为 5080 元。学历提升人群可能因毕业时间短还不能展示学历提升带来的更大的教育回报。

图 2 – 2 – 3　2012 届高职高专生毕业三年后的月收入分布
（与 2011 届三年后对比）*

* 图中显示数字均保留一位小数，因为四舍五入进位，加起来可能不等于 100%。
数据来源：麦可思 – 中国 2011 届、2012 届大学毕业生三年后职业发展跟踪评价。

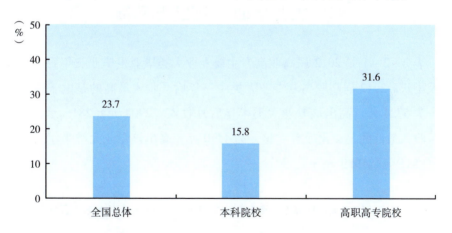

图 2 – 2 – 4　2012 届大学生毕业三年后学历提升人群的比例

数据来源：麦可思 – 中国 2012 届大学毕业生三年后职业发展跟踪评价，2012 届大学毕业生半年后培养质量跟踪评价。

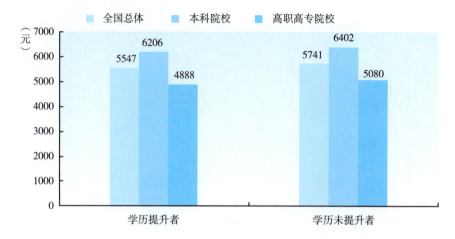

图 2 – 2 – 5　2012 届大学生毕业三年后学历提升人群和学历
未提升人群的月收入对比

数据来源：麦可思 – 中国 2012 届大学毕业生三年后职业发展跟踪评价，2012 届大学毕业生半年后培养质量跟踪评价。

二　主要专业的月收入与涨幅

表 2 – 2 – 1 是 2012 届高职高专主要专业大类毕业生毕业三年后的月收入及增长。2012 届高职高专专业大类中三年后月收入最高的是电子信息大类，为 5724 元，高出该专业大类半年后月收入（2908 元）2816 元；三年后月收入最低的是文化教育大类，为 4470 元，高出该专业大类半年后月收入（2511 元）1959 元。

表 2 – 2 – 1　2012 届高职高专主要专业大类毕业生毕业三年后的月收入及增长 *

单位：元

高职高专专业大类名称	毕业三年后的平均月收入	毕业半年后的平均月收入	月收入增长
电子信息大类	5724	2908	2816
材料与能源大类	5705	2920	2785
交通运输大类	5668	3091	2577
艺术设计传媒大类	5607	2781	2826

续表

高职高专专业大类名称	毕业三年后的平均月收入	毕业半年后的平均月收入	月收入增长
土建大类	5464	2582	2882
制造大类	5410	2861	2549
轻纺食品大类	5061	2605	2456
财经大类	4999	2595	2404
生化与药品大类	4977	2793	2184
农林牧渔大类	4950	2578	2372
旅游大类	4878	2589	2289
医药卫生大类	4565	2439	2126
文化教育大类	4470	2511	1959
全国高职高专	**5020**	**2731**	**2289**

* 个别专业大类因为样本较少，没有包括在内。

数据来源：麦可思 - 中国 2012 届大学毕业生三年后职业发展跟踪评价，2012 届大学毕业生半年后培养质量跟踪评价。

表 2 - 2 - 2　2012 届高职高专主要专业类毕业生毕业三年后的月收入及增长*

单位：元

高职高专专业类名称	毕业三年后的平均月收入	毕业半年后的平均月收入	月收入增长
建筑设计类	5895	2544	3351
计算机类	5837	2856	2981
艺术设计类	5553	2803	2750
公路运输类	5546	2969	2577
汽车类	5535	2872	2663
市场营销类	5515	2813	2702
电力技术类	5515	2823	2692
经济贸易类	5504	2711	2793
电子信息类	5501	2874	2627
土建施工类	5493	2778	2715
机械设计制造类	5452	2924	2528
建筑设备类	5397	2582	2815
通信类	5377	2861	2516
财政金融类	5350	2894	2456
工程管理类	5336	2485	2851
自动化类	5291	2919	2372
纺织服装类	5276	2786	2490
化工技术类	5084	2818	2266

续表

高职高专专业类名称	毕业三年后的平均月收入	毕业半年后的平均月收入	月收入增长
制药技术类	5054	2700	2354
旅游管理类	4959	2677	2282
广播影视类	4956	2646	2310
工商管理类	4946	2771	2175
护理类	4917	2742	2175
语言文化类	4769	2642	2127
港口运输类	4700	2799	1901
食品类	4487	2492	1995
财务会计类	4446	2658	1788
教育类	3901	2452	1449
全国高职高专	**5020**	**2731**	**2289**

* 个别专业类因为样本较少，没有包括在内。

数据来源：麦可思－中国2012届大学毕业生三年后职业发展跟踪评价，2012届大学毕业生半年后培养质量跟踪评价。

三　主要职业的月收入与涨幅

表2－2－3是2012届高职高专生毕业三年后从事的主要职业类的月收入及增长。2012届高职高专生毕业三年后从事"经营管理"职业类的三年后月收入最高，为6678元，高出半年后从事该职业类的高职高专毕业生月收入（3088元）3590元，涨幅为116%；三年后月收入最低的是从事"中小学教育"职业类的高职高专毕业生，为3561元，高出半年后从事该职业类的高职高专毕业生月收入（2061元）1500元。

表2－2－3　2012届高职高专生毕业三年后从事的主要职业类的月收入及增长*

单位：元

高职高专职业类名称	毕业三年后的平均月收入	毕业半年后的平均月收入	月收入增长
经营管理	6678	3088	3590
计算机与数据处理	6358	2859	3499
互联网开发及应用	6321	2973	3348
金融（银行/基金/证券/期货/理财）	6173	3104	3069

续表

高职高专职业类名称	毕业三年后的平均月收入	毕业半年后的平均月收入	月收入增长
销售	6053	2968	3085
餐饮/娱乐	5709	2869	2840
交通运输/邮电	5466	3221	2245
美术/设计/创意	5445	2478	2967
建筑工程	5313	2745	2568
电力/能源	5300	2993	2307
机动车机械/电子	5285	2761	2524
酒店/旅游/会展	5273	2699	2574
生产/运营	5271	2911	2360
电气/电子(不包括计算机)	5101	2898	2203
保险	5084	3049	2035
媒体/出版	4981	2679	2302
物流/采购	4971	2712	2259
机械/仪器仪表	4880	2777	2103
医疗保健/紧急救助	4604	2406	2198
人力资源	4588	2504	2084
生物/化工	4262	2722	1540
财务/审计/税务/统计	4157	2333	1824
行政/后勤	3825	2325	1500
中小学教育	3561	2061	1500
全国高职高专	**5020**	**2731**	**2289**

* 个别职业类因为样本较少，没有包括在内。

数据来源：麦可思－中国2012届大学毕业生三年后职业发展跟踪评价，2012届大学毕业生半年后培养质量跟踪评价。

四　主要行业的月收入与涨幅

　　表2－2－4是2012届高职高专生毕业三年后在主要行业类的月收入及增长。2012届高职高专生毕业三年后在"金融（银行/保险/证券）业"就业的月收入最高，为6147元，高出半年后在该行业类就业的毕业生月收入（3170元）2977元；三年后月收入最低的是就业于"政府及公共管理"的高职高专毕业生，为3941元，高出半年后在该行业类就业的毕业生月收入（2302元）1639元。

表2-2-4 2012届高职高专生毕业三年后在主要行业类的月收入及增长*

单位：元

高职高专行业类名称	毕业三年后的平均月收入	毕业半年后的平均月收入	月收入增长
金融(银行/保险/证券)业	6147	3170	2977
媒体、信息及通信产业	5986	2978	3008
交通工具制造业	5551	2806	2745
房地产开发销售租赁及其他租赁业	5526	2819	2707
艺术、娱乐和休闲业	5415	2906	2509
建筑业	5359	2700	2659
家具、医疗设备及其他制成品业	5245	2658	2587
电子电气仪器设备及电脑制造业	5184	2880	2304
各类专业设计与咨询服务业	5167	2538	2629
零售商业	5159	2894	2265
水电煤气公用事业	5126	2930	2196
食品、烟草、加工业	5058	2622	2436
纺织皮革及成品加工业	5046	2564	2482
邮递、物流及仓储业	4912	2645	2267
住宿和饮食业	4902	2657	2245
机械五金制造业	4896	2592	2304
其他服务业(除行政服务)	4707	2486	2221
医疗和社会护理服务业	4666	2486	2180
化学品、化工、塑胶业	4628	2635	1993
教育业	4201	2246	1955
行政、商业和环境保护辅助业	4132	2602	1530
政府及公共管理	3941	2302	1639
全国高职高专	**5020**	**2731**	**2289**

* 个别行业类因为样本较少，没有包括在内。

数据来源：麦可思-中国2012届大学毕业生三年后职业发展跟踪评价，2012届大学毕业生半年后培养质量跟踪评价。

五 各用人单位的月收入与涨幅

图2-2-6是2012届高职高专生毕业三年后在各类型用人单位的月收入。可以看出，2012届高职高专生毕业三年后在"中外合资/外资/独资"

就业的三年后月收入最高（5308 元）；而在"民营企业/个体"就业的三年后月收入涨幅最大，为 96%。

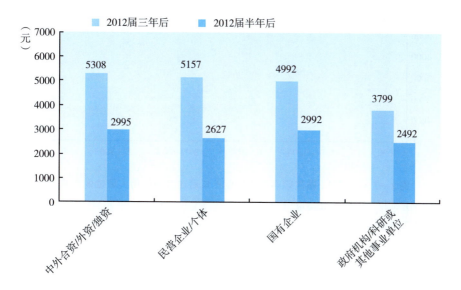

图 2 - 2 - 6　2012 届高职高专生毕业三年后在各类型用人单位的月收入 *

*非政府或非营利组织（NGO 等）用人单位因为样本较少，没有包括在内。
数据来源：麦可思 – 中国 2012 届大学毕业生三年后职业发展跟踪评价，2012 届大学毕业生半年后培养质量跟踪评价。

图 2 - 2 - 7 是 2012 届高职高专生毕业三年后在各规模用人单位的月收入。可以看出，2012 届高职高专生毕业三年后在 3000 人以上规模的大型用人单位就业的月收入最高（5465 元）。

六　各经济区域的月收入与涨幅

图 2 - 2 - 8 是 2012 届高职高专生毕业三年后在各类经济区域就业的月收入。可以看出，2012 届高职高专生毕业三年后在泛长江三角洲区域经济体就业的三年后月收入最高（5628 元），增长 2779 元，涨幅为 98%；在东北区域经济体就业的高职高专生毕业三年后月收入最低（4454 元），增长2062 元，涨幅为 86%。

图 2 - 2 - 7　2012 届高职高专生毕业三年后在各规模用人单位的月收入

数据来源：麦可思 – 中国 2012 届大学毕业生三年后职业发展跟踪评价，2012 届大学毕业生半年后培养质量跟踪评价。

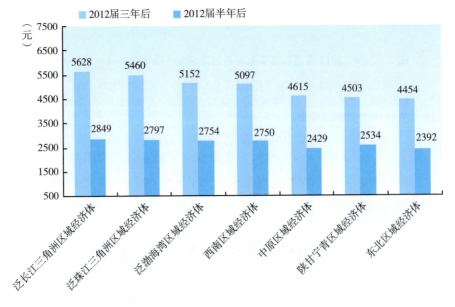

图 2 - 2 - 8　2012 届高职高专生毕业三年后在各类经济区域就业的月收入[*]

[*] 西部生态经济区因为样本较少，没有包括在内。

数据来源：麦可思 – 中国 2012 届大学毕业生三年后职业发展跟踪评价，2012 届大学毕业生半年后培养质量跟踪评价。

第三章

职业变迁

一 去向分布

图 2-3-1 是 2012 届大学生毕业三年后的去向分布。可以看出，2012届大学生毕业三年后有 87.1% 受雇全职工作（本科为 88.6%，高职高专为 85.6%），5.7% 的人自主创业（本科为 3.7%，高职高专为 7.7%），2.7% 的人正在读研（本科为 5.0%，高职高专为 0.5%），2.2% 的人"无工作，继续寻找工作"（本科为 1.5%，高职高专为 2.8%），还有 2.1% 的人无工作，且既没有求职也没有求学（本科为 1.2%，高职高专为 3.0%），有 0.4% 的高职高专毕业生正在读本科。

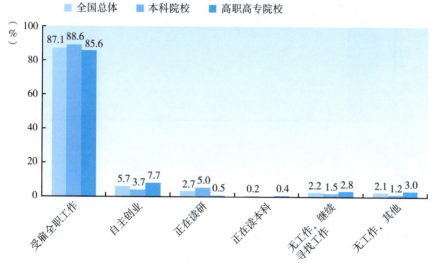

图 2-3-1 2012 届大学生毕业三年后的去向分布

数据来源：麦可思-中国 2012 届大学毕业生三年后职业发展跟踪评价。

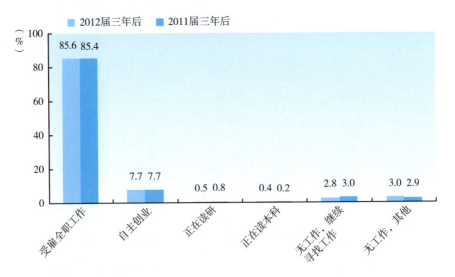

图 2 - 3 - 2　2012 届高职高专生毕业三年后的去向分布（与 2011 届三年后对比）

数据来源：麦可思 - 中国 2011 届、2012 届大学毕业生三年后职业发展跟踪评价。

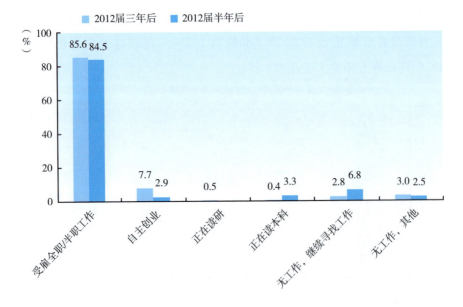

图 2 - 3 - 3　2012 届高职高专生毕业三年后的去向分布（与 2012 届半年后对比）

　　数据来源：麦可思 - 中国 2012 届大学毕业生三年后职业发展跟踪评价，2012 届大学毕业生半年后培养质量跟踪评价。

二　职业转换

职业转换：指毕业生在毕业半年后从事某种职业，毕业三年后由原职业转换到不同的职业。转换职业通常在工作单位内部完成的并不代表离职；反过来讲，更换雇主可能也不代表转换职业。

职业转换率：指有多大比例的毕业生在毕业三年内转换了职业。其计算方法为：分母是毕业半年后有工作的毕业生数，分子是毕业三年后从事的职业与半年后从事的职业不同的毕业生数。

图 2 - 3 - 4 是 2012 届大学生毕业三年内的职业转换率（与 2011 届三年内对比）。可以看出，有 40% 的 2012 届大学生毕业三年内转换了职业（本科为 31%，高职高专为 49%），与 2011 届三年内该指标（41%）基本持平。

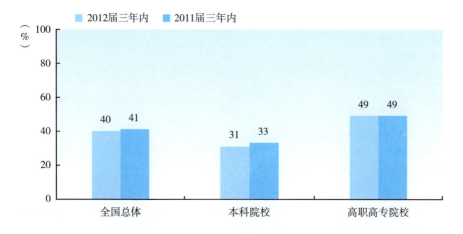

图 2 - 3 - 4　2012 届大学生毕业三年内的职业转换率（与 2011 届三年内对比）

数据来源：麦可思 - 中国 2011 届、2012 届大学毕业生三年后职业发展跟踪评价，2011 届、2012 届大学毕业生半年后培养质量跟踪评价。

表 2 - 3 - 1 是 2012 届高职高专主要专业大类毕业生毕业三年内的职业转换率。可以看出，在 2012 届高职高专主要专业大类中，旅游大类的职业

转换率最高（67%），其次是农林牧渔大类（61%）；医药卫生大类的职业
转换率最低（29%）。

表 2 – 3 – 1　2012 届高职高专主要专业大类毕业生毕业三年内的职业转换率
（与 2011 届三年内对比）*

单位：%

高职高专专业大类名称	2012 届三年内职业转换率	2011 届三年内职业转换率
旅游大类	67	63
农林牧渔大类	61	58
公共事业大类	59	—
制造大类	56	53
轻纺食品大类	52	46
艺术设计传媒大类	51	54
电子信息大类	50	54
生化与药品大类	49	45
财经大类	49	47
文化教育大类	47	49
土建大类	47	47
资源开发与测绘大类	47	30
交通运输大类	35	35
材料与能源大类	33	34
医药卫生大类	29	33
全国高职高专	**49**	**49**

* 个别专业大类因为样本较少，没有包括在内。
数据来源：麦可思－中国 2011 届、2012 届大学毕业生三年后职业发展跟踪评价，2011 届、2012 届大学毕业生半年后培养质量跟踪评价。

图 2 – 3 – 5 和图 2 – 3 – 6 分别是 2012 届高职高专生毕业三年内职业转
换率最高/最低的前五位专业类。可以看出，2012 届高职高专生毕业三年内
职业转换率最高的专业类是食品类（66%），其次是旅游管理类（65%）；
最低的是铁道运输类（21%）。

图 2 – 3 – 7 是 2012 届高职高专生毕业三年内转换职业中被转入最多的前
十位职业类。可以看出，在 2012 届高职高专生毕业三年内转换过的职业类中，
被转入最多的职业是"销售"（11.9%），其次是"行政/后勤"（8.0%）。

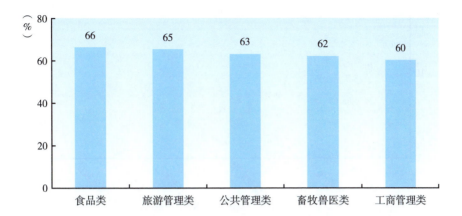

图 2 – 3 – 5　2012 届高职高专生毕业三年内职业转换率最高的前五位专业类*

　* 毕业生规模过小的专业类不包括在此排序中。

　数据来源：麦可思 – 中国 2012 届大学毕业生三年后职业发展跟踪评价，2012 届大学毕业生半年后培养质量跟踪评价。

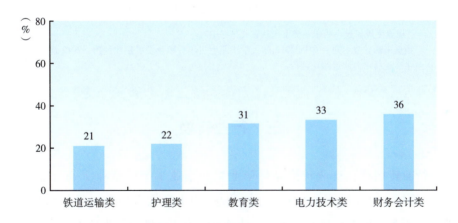

图 2 – 3 – 6　2012 届高职高专生毕业三年内职业转换率最低的前五位专业类*

　* 毕业生规模过小的专业类不包括在此排序中。

　数据来源：麦可思 – 中国 2012 届大学毕业生三年后职业发展跟踪评价，2012 届大学毕业生半年后培养质量跟踪评价。

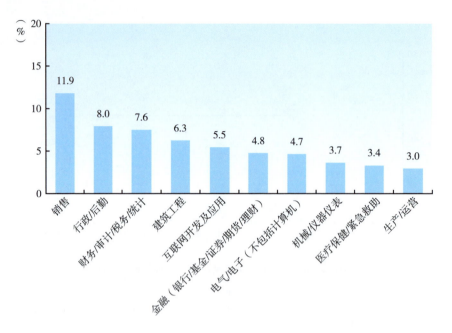

**图 2 – 3 – 7   2012 届高职高专生毕业三年内转换职业中
被转入最多的前十位职业类***

* 毕业生规模过小的职业类不包括在此排序中。

数据来源：麦可思 – 中国 2012 届大学毕业生三年后职业发展跟踪评价，2012 届大学毕业生半年后培养质量跟踪评价。

三　行业转换

行业转换率：行业转换是指毕业生在毕业半年后就业于某行业（小类），而毕业三年后进入不同的行业就业。行业转换率是指有多大比例的毕业生在毕业三年内转换了行业。其计算方法为：分母是毕业半年后有工作的毕业生数，分子是毕业三年后所在行业与半年后所在行业不同的毕业生数。

图 2 – 3 – 8 是 2012 届大学生毕业三年内的行业转换率（与 2011 届三年内对比）。可以看出，有 46% 的 2012 届大学生在毕业三年内转换了行业（本科为 39%，高职高专为 54%），比 2011 届三年内该指标（48%）略低。

表 2 – 3 – 2 是 2012 届高职高专主要专业大类毕业生毕业三年内的行业转

换率。可以看出，在2012届高职高专主要专业大类中，旅游大类的毕业生毕业三年内的行业转换率最高（65%），医药卫生大类的行业转换率最低（29%）。

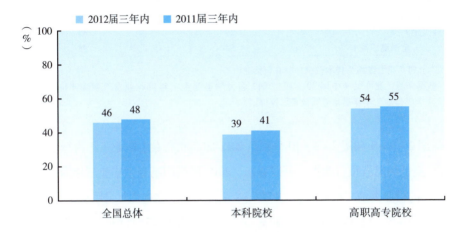

图2-3-8 2012届大学生毕业三年内的行业转换率（与2011届三年内对比）

数据来源：麦可思-中国2011届、2012届大学毕业生三年后职业发展跟踪评价，2011届、2012届大学毕业生半年后培养质量跟踪评价。

表2-3-2 2012届高职高专主要专业大类毕业生毕业三年内的行业转换率
（与2011届三年内对比）*

单位：%

高职高专专业大类名称	2012届三年内行业转换率	2011届三年内行业转换率
旅游大类	65	62
公共事业大类	63	—
艺术设计传媒大类	60	65
财经大类	59	59
电子信息大类	58	59
农林牧渔大类	56	52
制造大类	55	55
轻纺食品大类	55	52
文化教育大类	50	53
土建大类	50	52
生化与药品大类	48	50
资源开发与测绘大类	44	40

续表

高职高专专业大类名称	2012届三年内行业转换率	2011届三年内行业转换率
交通运输大类	37	39
材料与能源大类	30	34
医药卫生大类	29	33
全国高职高专	**54**	**55**

* 个别专业大类因为样本较少，没有包括在内。

数据来源：麦可思 – 中国2011届、2012届大学毕业生三年后职业发展跟踪评价，2011届、2012届大学毕业生半年后培养质量跟踪评价。

图2-3-9和图2-3-10分别是2012届高职高专生毕业三年内行业转换率最高/最低的前五位行业类。可以看出，2012届高职高专生毕业三年内行业转换率最高的行业类是"批发商业"（74%），最低的是"水电煤气公用事业"（24%）。

图2-3-11是2012届高职高专生毕业三年内转换行业中被转入最多的前五位行业类。可以看出，2012届高职高专生毕业三年内转换行业中被转入最多的行业类是"零售商业"（8.7%），其次为"建筑业"（8.6%）。

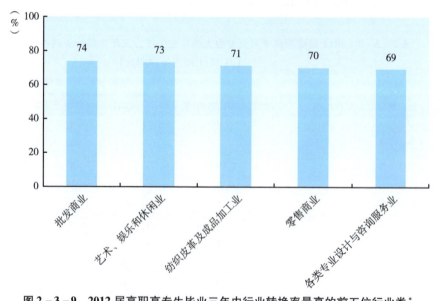

图2-3-9 2012届高职高专生毕业三年内行业转换率最高的前五位行业类*

* 毕业生规模过小的行业类不包括在此排序中。

数据来源：麦可思 – 中国2012届大学毕业生三年后职业发展跟踪评价，2012届大学毕业生半年后培养质量跟踪评价。

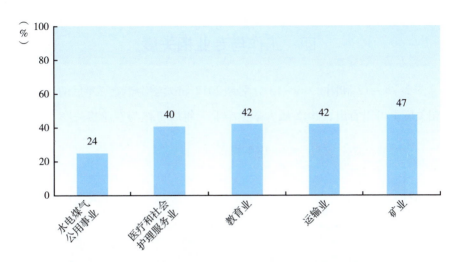

图 2 – 3 – 10　2012 届高职高专生毕业三年内行业转换率最低的前五位行业类[*]

＊毕业生规模过小的行业类不包括在此排序中。

数据来源：麦可思 – 中国 2012 届大学毕业生三年后职业发展跟踪评价，2012 届大学毕业生半年后培养质量跟踪评价。

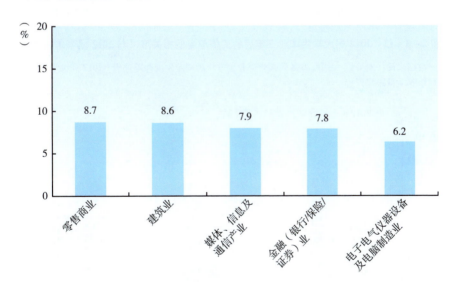

图 2 – 3 – 11　2012 届高职高专生毕业三年内转换行业中被转入最多的前五位行业类[*]

＊毕业生规模过小的行业类不包括在此排序中。

数据来源：麦可思 – 中国 2012 届大学毕业生三年后职业发展跟踪评价，2012 届大学毕业生半年后培养质量跟踪评价。

四　工作与专业相关度

图 2 - 3 - 12 和图 2 - 3 - 13 分别是 2012 届大学生毕业三年后的工作与专业相关度。可以看出，2012 届大学生毕业三年后工作与专业相关度为 61%，

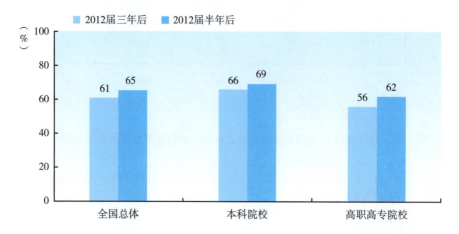

图 2 - 3 - 12　2012 届大学生毕业三年后的工作与专业相关度（与 2012 届半年后对比）

数据来源：麦可思 - 中国 2012 届大学毕业生三年后职业发展跟踪评价，2012 届大学毕业生半年后培养质量跟踪评价。

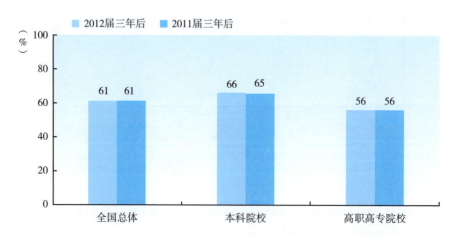

图 2 - 3 - 13　2012 届大学生毕业三年后的工作与专业相关度（与 2011 届三年后对比）

数据来源：麦可思 - 中国 2011 届、2012 届大学毕业生三年后职业发展跟踪评价。

比 2012 届半年后（65%）低 4 个百分点，与 2011 届三年后（61%）持平。其中，本科毕业三年后工作与专业相关度为 66%，比半年后（69%）低 3 个百分点；高职高专毕业三年后工作与专业相关度为 56%，比半年后（62%）低 6 个百分点。

表 2－3－3 是 2012 届高职高专主要专业大类毕业生毕业三年后的工作与专业相关度变化。可以看出，在高职高专专业大类中，毕业三年后工作与专业相关度最高的是医药卫生大类（86%），最低的是旅游大类（36%）；其中旅游大类工作与专业相关度三年内下降最多，下降了 17 个百分点，其次是轻纺食品大类，下降了 10 个百分点。

表 2－3－3　2012 届高职高专主要专业大类毕业生毕业三年后的工作与专业相关度变化（与 2011 届三年后对比）*

单位：%

高职高专专业大类名称	2012 届毕业三年后的专业相关度	2012 届毕业半年后的专业相关度	2011 届毕业三年后的专业相关度
医药卫生大类	86	86	84
土建大类	76	80	76
材料与能源大类	71	79	74
交通运输大类	64	71	65
财经大类	54	62	56
农林牧渔大类	53	62	55
生化与药品大类	64	60	54
制造大类	52	57	52
文化教育大类	56	60	52
艺术设计传媒大类	51	57	47
轻纺食品大类	42	52	45
电子信息大类	47	52	44
旅游大类	36	53	36
全国高职高专	56	62	56

* 个别专业大类因为样本较少，没有包括在内。

数据来源：麦可思－中国 2011 届、2012 届大学毕业生三年后职业发展跟踪评价，2012 届大学毕业生半年后培养质量跟踪评价。

五 雇主数

（一）平均雇主数

雇主数：指毕业生从第一份工作到三年后的调查时点，一共为多少个雇主工作过。雇主数越多，则工作转换得越频繁；雇主数可以代表毕业生工作稳定的程度。

图2-3-14是2012届大学生毕业三年内的平均雇主数。可以看出，2012届大学毕业生毕业三年内平均为2.2个雇主工作过，与2011届（2.3个）基本持平。其中本科毕业生的平均雇主数为1.9个，低于高职高专毕业生的平均雇主数（2.5个）。

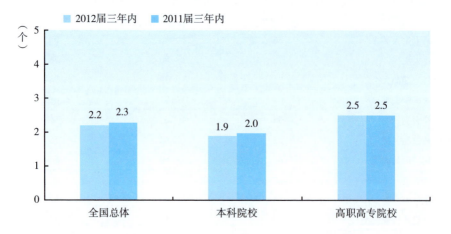

图2-3-14 2012届大学生毕业三年内的平均雇主数（与2011届三年内对比）

数据来源：麦可思-中国2011届、2012届大学毕业生三年后职业发展跟踪评价。

表2-3-4是2012届高职高专主要专业类毕业生毕业三年内的平均雇主数。可以看出，2012届高职高专广播影视类和艺术设计类毕业生毕业三年内平均雇主数最多（均为2.9个），护理类毕业生平均雇主数最少（1.6个）。

表2－3－4 2012届高职高专主要专业类毕业生毕业三年内的平均雇主数*

单位：个

高职高专专业类名称	毕业三年内平均雇主数	高职高专专业类名称	毕业三年内平均雇主数
广播影视类	2.9	电子信息类	2.4
艺术设计类	2.9	港口运输类	2.4
建筑设计类	2.7	公路运输类	2.4
公共事业类	2.7	工程管理类	2.4
计算机类	2.7	通信类	2.4
畜牧兽医类	2.7	制药技术类	2.4
纺织服装类	2.6	财务会计类	2.4
旅游管理类	2.6	经济贸易类	2.4
农业技术类	2.6	自动化类	2.3
水上运输类	2.6	教育类	2.3
市场营销类	2.6	建筑设备类	2.2
土建施工类	2.5	临床医学类	2.2
房地产类	2.5	药学类	2.2
公共管理类	2.5	化工技术类	2.1
工商管理类	2.5	医学技术类	2.1
语言文化类	2.5	电力技术类	1.9
机械设计制造类	2.5	铁道运输类	1.7
食品类	2.5	护理类	1.6
财政金融类	2.5	**全国高职高专**	**2.5**
汽车类	2.5		

*个别专业类因为样本较少，没有包括在内。

数据来源：麦可思－中国2012届大学毕业生三年后职业发展跟踪评价。

（二）雇主数频度与月收入

图2－3－15是2012届高职高专生毕业三年内工作过的雇主数频度。可以看出，高职高专毕业生更换雇主较频繁，仅有23%的高职高专生毕业三年内一直为1个雇主工作，而雇主数为4个及以上的高职高专毕业生达到18%。

图2－3－16是2012届高职高专生毕业三年内工作过不同雇主数的人群月收入对比。可以看出，在2012届高职高专毕业生中，毕业三年内一直为

1个雇主工作的毕业生月收入最高（5293元）。工作过的雇主数越多，大部分其月收入反而越低。

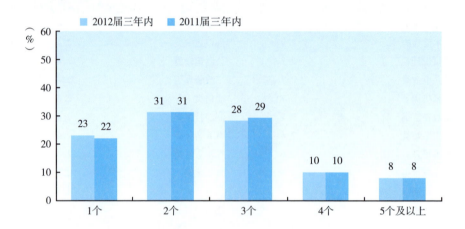

图2－3－15　2012届高职高专生毕业三年内工作过的雇主数频度
（与2011届三年内对比）

数据来源：麦可思－中国2011届、2012届大学毕业生三年后职业发展跟踪评价。

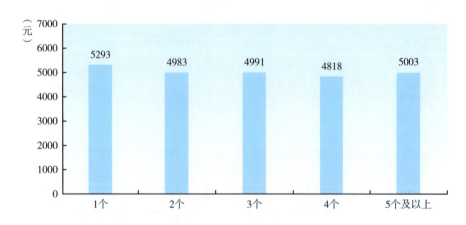

图2－3－16　2012届高职高专生毕业三年内工作过不同雇主数的人群月收入对比

数据来源：麦可思－中国2012届大学毕业生三年后职业发展跟踪评价。

一 总体就业满意度

图 2 - 4 - 1 是 2012 届大学生毕业三年后的就业满意度。可以看出，2012 届大学生毕业三年后的就业满意度为 57%，即在就业的毕业生中，有 57% 对自己的就业现状表示满意（本科为 60%，高职高专为 54%），比 2011 届该指标（50%）增长了 7 个百分点。

图 2 - 4 - 1 2012 届大学生毕业三年后的就业满意度（与 2011 届三年后对比）

数据来源：麦可思 - 中国 2011 届、2012 届大学毕业生三年后职业发展跟踪评价。

二 主要专业的就业满意度

表 2 - 4 - 1 是 2012 届高职高专主要专业大类毕业生毕业三年后的就业满

意度。可以看出，2012届高职高专生毕业三年后就业满意度最高的专业大类是文化教育大类（59%），就业满意度最低的专业大类是制造大类（48%）。

表2-4-1 2012届高职高专主要专业大类毕业生毕业三年后的就业满意度*

单位：%

高职高专专业大学名称	就业满意度	高职高专专业大学名称	就业满意度
文化教育大类	59	材料与能源大类	51
旅游大类	58	电子信息大类	51
医药卫生大类	57	农林牧渔大类	50
财经大类	56	交通运输大类	50
轻纺食品大类	56	土建大类	49
生化与药品大类	55	制造大类	48
艺术设计传媒大类	52	**全国高职高专**	**54**

　*个别专业大类因为样本较少，没有包括在内。
　数据来源：麦可思-中国2012届大学毕业生三年后职业发展跟踪评价。

表2-4-2 2012届高职高专主要专业类毕业生毕业三年后的就业满意度*

单位：%

高职高专专业类名称	就业满意度	高职高专专业类名称	就业满意度
教育类	63	电子信息类	52
纺织服装类	63	制药技术类	52
语言文化类	62	化工技术类	51
旅游管理类	62	广播影视类	51
财政金融类	61	建筑设备类	50
经济贸易类	60	机械设计制造类	49
护理类	59	公路运输类	48
市场营销类	59	建筑设计类	48
电力技术类	56	工程管理类	48
工商管理类	55	自动化类	47
计算机类	55	土建施工类	47
艺术设计类	55	港口运输类	47
财务会计类	54	通信类	47
汽车类	54	**全国高职高专**	**54**
食品类	54		

　*个别专业类因为样本较少，没有包括在内。
　数据来源：麦可思-中国2012届大学毕业生三年后职业发展跟踪评价。

三　主要职业的就业满意度

图 2–4–2 和图 2–4–3 分别是 2012 届高职高专生毕业三年后就业满意度最高/最低的前五位职业类。可以看出，2012 届高职高专生毕业三年后

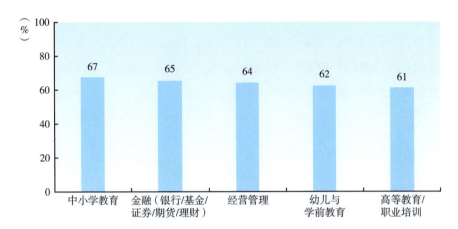

图 2–4–2　2012 届高职高专生毕业三年后就业满意度最高的前五位职业类*

* 毕业生规模过小的职业类不包括在此排序中。

数据来源：麦可思–中国 2012 届大学毕业生三年后职业发展跟踪评价。

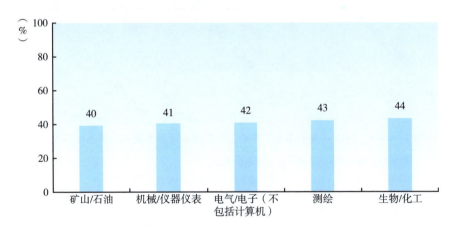

图 2–4–3　2012 届高职高专生毕业三年后就业满意度最低的前五位职业类*

* 毕业生规模过小的职业类不包括在此排序中。

数据来源：麦可思–中国 2012 届大学毕业生三年后职业发展跟踪评价。

就业满意度最高的职业类是"中小学教育"（67%），就业满意度最低的职业类是"矿山/石油"（40%）。

四　主要行业的就业满意度

图2－4－4和图2－4－5分别是2012届高职高专生毕业三年后就业满意度最高/最低的前五位行业类。可以看出，2012届高职高专生毕业三年后就业满意度最高的行业类是"金融（银行/保险/证券）业"（62%），就业满意度最低的行业类是"矿业"（41%）。

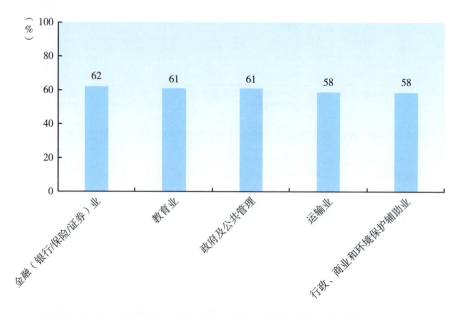

图2－4－4　2012届高职高专生毕业三年后就业满意度最高的前五位行业类*

* 毕业生规模过小的行业类不包括在此排序中。

数据来源：麦可思－中国2012届大学毕业生三年后职业发展跟踪评价。

五　各用人单位类型的就业满意度

图2－4－6是2012届高职高专生毕业三年后在各用人单位类型的就业

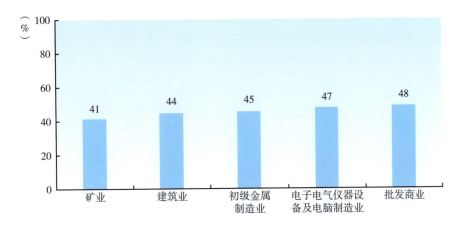

图 2 – 4 – 5 2012 届高职高专生毕业三年后就业满意度最低的前五位行业类[*]

[*] 毕业生规模过小的行业类不包括在此排序中。

数据来源：麦可思 – 中国 2012 届大学毕业生三年后职业发展跟踪评价。

满意度。可以看出，2012 届高职高专生毕业三年后就业满意度最高的用人单位类型是"政府机构/科研或其他事业单位"（63%），就业满意度最低的用人单位类型是"民营企业/个体"（51%）。

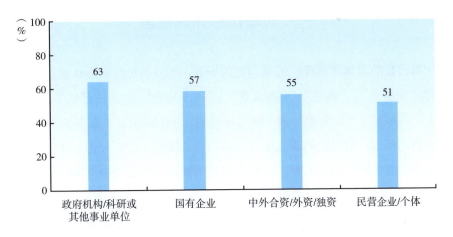

图 2 – 4 – 6 2012 届高职高专生毕业三年后在各用人单位类型的就业满意度[*]

[*] 非政府或非营利组织（NGO 等）用人单位因为样本较少，没有包括在内。

数据来源：麦可思 – 中国 2012 届大学毕业生三年后职业发展跟踪评价。

分报告三　培养质量报告

B.11
第一章
总体满意度

一　对母校总体满意度

对母校的总体满意度：由被调查的毕业生回答对母校的总体满意度，选项有"很满意"、"满意"、"不满意"、"很不满意"、"无法评估"共五项。其中，"满意"、"很满意"属于满意的范围，"不满意"、"很不满意"属于不满意的范围。对母校的满意度是回答满意范围的人数百分比，计算公式的分子是回答满意范围的人数，分母是回答不满意范围和满意范围的总人数。

图3-1-1是2013～2015届大学毕业生对母校的总体满意度变化趋势。可以看出，2015届大学毕业生对母校的总体满意度为89%，比2014届（88%）略高，比2013届（86%）高3个百分点。其中，本科院校总体满意度为91%，比2014届（89%）高2个百分点，比2013届（87%）高4个百分点；高职高专院校总体满意度为88%，比2014届（87%）略高，比

2013 届（85%）高 3 个百分点。从近三届的趋势可以看出，大学毕业生对母校的总体满意度呈现上升趋势。

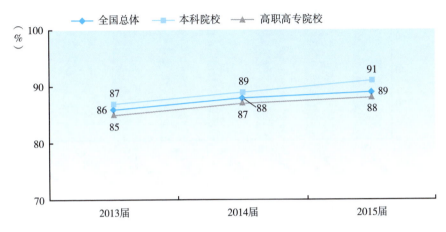

图 3 - 1 - 1　2013 ~ 2015 届大学毕业生对母校的总体满意度变化趋势

数据来源：麦可思 - 中国 2013 ~ 2015 届大学毕业生培养质量跟踪评价。

图 3 - 1 - 2 是各经济区域的 2014 届、2015 届高职高专毕业生对母校的总体满意度。可以看出，泛长江三角洲区域经济体的 2015 届高职高专毕业生对母校的总体满意度最高（90%）。

学生工作满意度： 由被调查的毕业生回答对母校的学生工作满意度，选项有"很满意"、"满意"、"不满意"、"很不满意"、"无法评估"共五项。其中，"满意"、"很满意"属于满意的范围，"不满意"、"很不满意"属于不满意的范围。学生工作满意度是回答满意范围的人数百分比，计算公式的分子是回答满意范围的人数，分母是回答不满意范围和满意范围的总人数。

图 3 - 1 - 3 是 2014 届、2015 届大学毕业生对母校学生工作的满意度。可以看出，2015 届大学毕业生对母校学生工作的满意度为 82%，与 2014 届（81%）基本持平。其中，本科院校 2015 届毕业生对母校学生工作的满意度为 82%，比 2014 届（80%）高 2 个百分点；高职高专院校 2015 届毕业生对母校学生工作的满意度为 82%，与 2014 届（81%）基本持平。

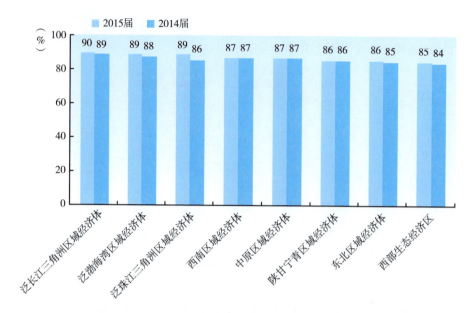

图 3 - 1 - 2　各经济区域的 2014 届、2015 届高职高专毕业生对母校的总体满意度

数据来源：麦可思－中国 2014 届、2015 届大学毕业生培养质量跟踪评价。

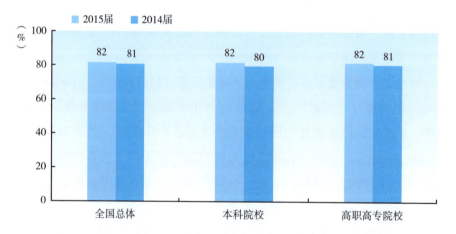

图 3 - 1 - 3　2014 届、2015 届大学毕业生对母校学生工作的满意度

数据来源：麦可思－中国 2014 届、2015 届大学毕业生培养质量跟踪评价。

　　图 3 - 1 - 4 是 2014 届、2015 届高职高专毕业生认为母校的学生工作需要改进的地方。可以看出，2015 届高职高专毕业生认为母校的学生工作需

要改进的地方是"与辅导员或班主任接触时间太少"（48%），其后是"学生社团活动组织不够好"（41%）、"解决学生问题不及时"（35%）。

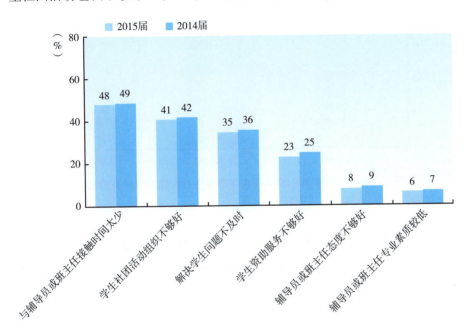

图 3–1–4　2014 届、2015 届高职高专毕业生认为母校的学生工作需要改进的地方（多选）

数据来源：麦可思–中国 2014 届、2015 届大学毕业生培养质量跟踪评价。

生活服务满意度：由被调查的毕业生回答对母校的生活服务满意度，选项有"很满意"、"满意"、"不满意"、"很不满意"、"无法评估"共五项。其中，"满意"、"很满意"属于满意的范围，"不满意"、"很不满意"属于不满意的范围。生活服务满意度是回答满意范围的人数百分比，计算公式的分子是回答满意范围的人数，分母是回答不满意范围和满意范围的总人数。

图 3–1–5 是 2014 届、2015 届大学毕业生对母校生活服务的满意度。可以看出，2015 届大学毕业生对母校生活服务的满意度为 83%，比 2014 届（81%）高 2 个百分点。其中，本科院校 2015 届毕业生对母校生活服务的满意度为 85%，比 2014 届（82%）高 3 个百分点；高职高专院校 2015 届毕业生对母校生活服务的满意度为 82%，比 2014 届（80%）高 2 个百分点。

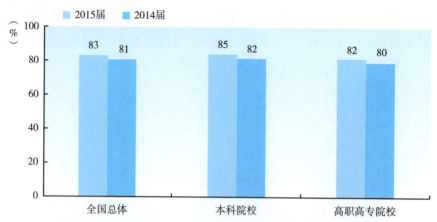

图 3 - 1 - 5 2014 届、2015 届大学毕业生对母校生活服务的满意度

数据来源：麦可思 - 中国 2014 届、2015 届大学毕业生培养质量跟踪评价。

图 3 - 1 - 6 是 2014 届、2015 届高职高专毕业生认为母校的生活服务需要改进的地方。可以看出，2015 届高职高专毕业生认为母校的生活服务需

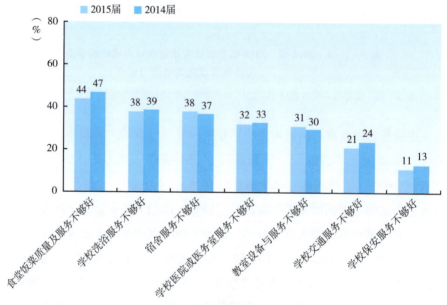

**图 3 - 1 - 6 2014 届、2015 届高职高专毕业生认为母校的生活服务
需要改进的地方（多选）**

数据来源：麦可思 - 中国 2014 届、2015 届大学毕业生培养质量跟踪评价。

要改进的地方是"食堂饭菜质量及服务不够好"（44%），其后是"学校洗浴服务不够好"（38%）、"宿舍服务不够好"（38%）、"学校医院或医务室服务不够好"（32%）、"教室设备与服务不够好"（31%）。

二　对母校的推荐度

对母校的推荐度：在同等分数、同类型学校条件下，毕业生是否愿意推荐母校给亲朋好友去就读的比例。推荐度计算公式的分子是回答"愿意推荐"的人数，分母是回答"愿意推荐"、"不愿意推荐"、"不确定"的总人数。

图 3–1–7 是 2013~2015 届大学毕业生对母校的推荐度变化趋势。可以看出，2015 届大学毕业生对母校的推荐度为 65%，比 2014 届（63%）高 2 个百分点，比 2013 届（60%）高 5 个百分点。其中，本科院校毕业生对母校的推荐度为 67%，比 2014 届（64%）高 3 个百分点，比 2013 届（61%）高 6 个百分点；高职高专院校为 63%，比 2014 届（61%）高 2 个百分点，比 2013 届（58%）高 5 个百分点。从近三届的趋势可以看出，大学毕业生对母校的推荐度呈现上升趋势。

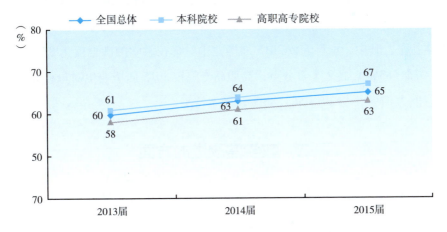

图 3–1–7　2013~2015 届大学毕业生对母校的推荐度变化趋势

数据来源：麦可思–中国 2013~2015 届大学毕业生培养质量跟踪评价。

B.12

第二章
教学满意度

一 教学满意度

教学满意度：由被调查的毕业生回答对母校的教学满意度，选项有"很满意"、"满意"、"不满意"、"很不满意"、"无法评估"共五项。其中，"满意"、"很满意"属于满意的范围，"不满意"、"很不满意"属于不满意的范围。教学满意度是回答满意范围的人数百分比，计算公式的分子是回答满意范围的人数，分母是回答不满意范围和满意范围的总人数。

图3－2－1是2014届、2015届大学毕业生对母校教学的满意度。可以看出，2015届大学毕业生对母校教学的满意度为86%，与2014届（85%）基本持平。其中，本科院校2015届毕业生对母校教学的满意度为85%，比2014届（83%）高2个百分点；高职高专院校2015届毕业生对母校教学的满意度为87%，与2014届（86%）基本持平。

二 教学需改进的方面

图3－2－2是2014届、2015届高职高专毕业生认为母校的教学需要改进的地方。可以看出，2015届高职高专毕业生认为母校的教学最需要改进的地方为"实习和实践环节不够"（62%），其次为"无法调动学生学习兴趣"（49%）。

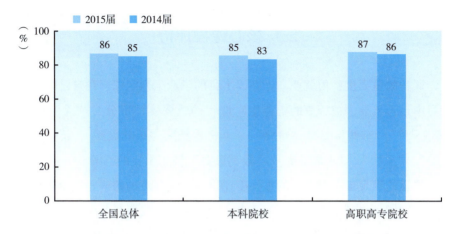

图3–2–1　2014届、2015届大学毕业生对母校教学的满意度

数据来源：麦可思-中国2014届、2015届大学毕业生培养质量跟踪评价。

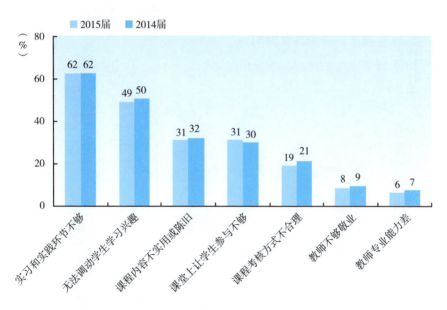

**图3–2–2　2014届、2015届高职高专毕业生认为母校的
教学需要改进的地方（多选）**

数据来源：麦可思-中国2014届、2015届大学毕业生培养质量跟踪评价。

三 核心课程评价

课程的重要度：由就业和正在读本科的毕业生判定课程在自己的工作或学习中是否重要。被调查的毕业生对课程的重要度评价分为"无法评估"、"不重要"、"有些重要"、"重要"、"非常重要"、"极其重要"，其中"有些重要"、"重要"、"非常重要"、"极其重要"属于重要的范围。

课程的满足度：对课程的重要度评价属于重要范围的毕业生会被要求回答课程训练是否满足工作或学习要求，满足度指标是回答某课程能满足工作或学习的百分比。计算公式的分子是回答"满足"的人数，分母是回答"满足"和"不满足"的总人数。

图3-2-3和图3-2-4分别是2015届大学毕业生的核心课程重要度及满足度评价。可以看出，2015届毕业生的核心课程重要度评价为80%，其中本科为78%，高职高专为81%。

2015届毕业生的核心课程满足度评价为69%，其中本科为69%，高职高专为70%。

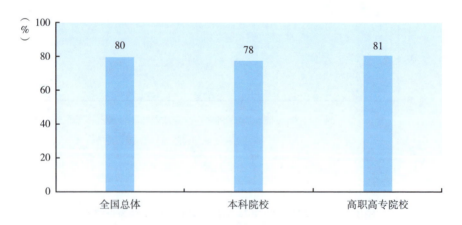

图3-2-3 2015届大学毕业生的核心课程重要度评价

数据来源：麦可思-中国2015届大学毕业生培养质量跟踪评价。

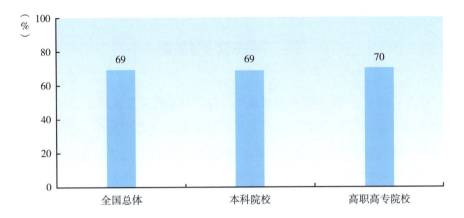

图 3 - 2 - 4 2015 届大学毕业生的核心课程满足度评价

数据来源：麦可思 - 中国 2015 届大学毕业生培养质量跟踪评价。

图 3 - 2 - 5 是 2015 届高职高专主要专业大类的核心课程重要度和满足度评价。可以看出，在 2015 届高职高专主要专业大类中，医药卫生大类核心课程的重要度评价最高（95%），其满足度也最高（79%）。

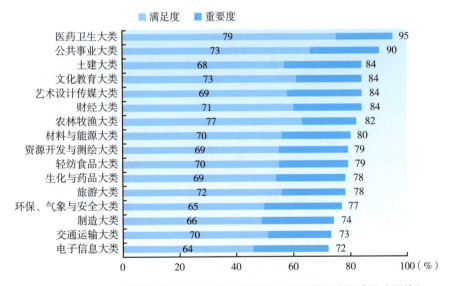

图 3 - 2 - 5 2015 届高职高专主要专业大类的核心课程重要度和满足度评价*

* 个别专业大类因为样本较少，没有包括在内。

数据来源：麦可思 - 中国 2015 届大学毕业生培养质量跟踪评价。

四 师生交流频度

图 3 - 2 - 6 是 2015 届大学毕业生与任课教师课下交流程度。可以看出，2015 届大学毕业生中有 47% 的毕业生与任课教师"每周至少一次"或"每月至少一次"课下交流。其中，本科毕业生中有 19% 的毕业生与任课教师"每周至少一次"课下交流，低于高职高专毕业生（30%）。

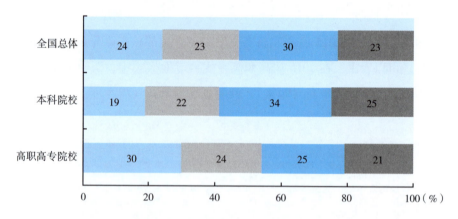

图 3 - 2 - 6 2015 届大学毕业生与任课教师课下交流程度

数据来源：麦可思 - 中国 2015 届大学毕业生培养质量跟踪评价。

图 3 - 2 - 7 是 2015 届高职高专主要专业大类毕业生与任课教师课下交流程度。可以看出，在 2015 届高职高专主要专业大类中，与任课教师"每周至少一次"或"每月至少一次"课下交流程度较高的是艺术设计传媒大类（65%），最低的是医药卫生大类（45%）。

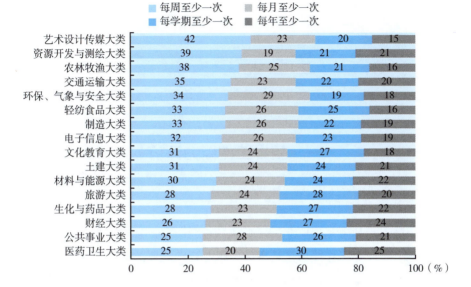

图 3 – 2 – 7　2015 届高职高专主要专业大类毕业生与任课教师课下交流程度*

* 个别专业大类因为样本较少，没有包括在内。

数据来源：麦可思 – 中国 2015 届大学毕业生培养质量跟踪评价。

B.13
第三章
能力、知识及素养提升

一　基本工作能力评价

（一）背景介绍

工作能力：从事某项职业工作必须具备的能力，分为职业工作能力和基本工作能力。职业工作能力是从事某一职业特殊需要的能力，基本工作能力是所有工作都必须具备的能力，麦可思参考美国 SCANS 标准，把基本工作能力分为 35 项。根据麦可思的工作能力分类，中国大学生可以从事的职业共 695 个，对应的职业能力近万条。

五大类基本工作能力：麦可思参考美国 SCANS 标准，将 35 项基本工作能力划归为五大类型，分别是理解与交流能力、科学思维能力、管理能力、应用分析能力和动手能力（见图 3 - 3 - 1）。

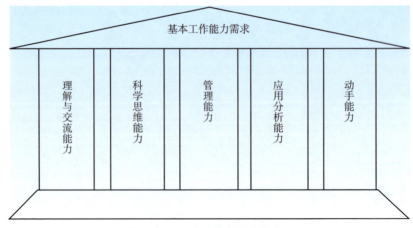

图 3 - 3 - 1　五大类基本工作能力

表 3 – 3 – 1　基本工作能力定义及序号

序号	五大类能力	名称	描述
1	理解与交流能力	理解性阅读	理解工作文件的句子和段落
2	理解与交流能力	积极聆听	理解对方讲话的要点,适当地提出问题
3	理解与交流能力	有效的口头沟通	交谈中有效果地传递信息
4	理解与交流能力	积极学习	理解信息中的启示,用于解决问题,帮助做出决定
5	理解与交流能力	学习方法	在训练和指导工作时选择方法与程序
6	理解与交流能力	理解他人	关注并理解他人的反应
7	理解与交流能力	服务他人	积极地寻找方法来帮助他人
8	科学性思维能力	针对性写作	根据读者需求有效果地传递信息
9	科学性思维能力	数学解法	用数学方法来解决问题
10	科学性思维能力	科学分析	用科学的原理和方法来解决问题
11	科学性思维能力	批判性思维	运用逻辑推理来判定解决问题的建议、结论和方法的优缺点
12	管理能力	绩效监督	监督和评估自己、他人或组织的绩效以采取改进行动
13	管理能力	协调安排	根据他人的需要调整工作安排
14	管理能力	说服他人	说服他人改变想法或者行为
15	管理能力	谈判技能	与他人沟通并且达成一致
16	管理能力	指导他人	指导他人怎样去做一件事
17	管理能力	解决复杂的问题	识别复杂问题并查阅信息以发现和评估解决方案
18	管理能力	判断和决策	考虑各方案的成本和收益,决定最合适的方案
19	管理能力	时间管理	管理自己和他人的时间
20	管理能力	财务管理	决定怎样花钱以完成工作,并为这些开支记账核算
21	管理能力	物资管理	如何按照工作的特定需要获得设备、厂房和材料,以及监督其合理使用
22	管理能力	人力资源管理	在工作中激发、指导人们的工作,寻找适合各项工作的人
23	应用分析能力	新产品构思	分析需求和生产的可能性以开发出新产品
24	应用分析能力	技术设计	按要求设计和修改设备与技术
25	应用分析能力	设备选择	决定使用哪一种工具和设备来做一项工作
26	应用分析能力	质量控制分析	对产品、服务或工作程序进行测试和检查以评价其质量和绩效
27	应用分析能力	操作监控	监视仪表、控制器和其他指示器以保证机器正常运行
28	应用分析能力	操作和控制	控制设备和系统的运行
29	应用分析能力	设备维护	对设备进行日常维护并决定什么时候进行何种维护
30	应用分析能力	疑难排解	判断出操作错误的产生原因并决定纠错对策

续表

序号	五大类能力	名称	描述
31	应用分析能力	系统分析	判定变化对一个系统运行结果的影响
32	应用分析能力	系统评估	识别系统绩效的评估方法或指标,根据系统目标采取行动来改进系统表现
33	动手能力	安装能力	按照特定要求来安装设备、机器、管线或程序
34	动手能力	电脑编程	为各种目的编写电脑程序
35	动手能力	维修机器和系统	使用必要的工具来修理机器和系统

基本工作能力的重要度:用于定义正在工作的大学毕业生所理解的35项基本工作能力在其岗位工作中的重要程度,分为"无法评估"、"不重要"、"有些重要"、"重要"、"非常重要"和"极其重要"六个层次,数据处理时把重要性处理为百分比,0代表"不重要",25%代表"有些重要",50%代表"重要",75%代表"非常重要",100%代表"极其重要"。

工作岗位要求的工作能力水平:用于定义正在工作的大学毕业生所理解的工作对35项基本工作能力的要求级别,从低到高分为一级到七级。一级代表该能力的最低水平,取值1/7;七级代表该能力的最高水平,取值1。为了帮助答题人自评级别,问卷在一到七级中分别举了三个例子,以帮助答题人理解能力差别。

毕业时掌握的基本工作能力水平:用于定义正在工作的大学毕业生所理解的在刚毕业时实际掌握的35项基本工作能力级别,从低到高分为一级到七级。一级代表该能力的最低水平,取值1/7;七级代表该能力的最高水平,取值1。为了帮助答题人自评级别,问卷在一级到七级中分别举了三个例子,以帮助答题人理解能力差别。

基本工作能力的满足度:毕业时掌握的基本工作能力水平满足社会初始岗位的工作要求水平的百分比,100%为完全满足。满足度计算公式的分子是毕业时掌握的基本工作能力水平,分母是工作要求的水平。

(二)基本工作能力重要度和满足度

图3-3-2、图3-3-3和图3-3-4分别是2013~2015届大学毕业生

图 3 - 3 - 2 2013 ~ 2015 届大学毕业生毕业时掌握的基本工作能力水平

数据来源：麦可思 - 中国 2013 ~ 2015 届大学毕业生培养质量跟踪评价。

图 3 - 3 - 3 2013 ~ 2015 届大学毕业生工作岗位要求
达到的基本工作能力水平

数据来源：麦可思 - 中国 2013 ~ 2015 届大学毕业生培养质量跟踪评价。

毕业时掌握的基本工作能力水平和工作岗位要求达到的水平，以及在此基础上计算出的能力满足度。可以看出，无论是本科毕业生还是高职高专毕业生，其毕业时掌握的基本工作能力水平均低于工作岗位要求的水平。

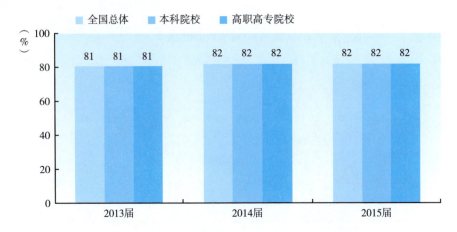

图3－3－4　2013～2015届大学毕业生的基本工作能力的满足度

数据来源：麦可思－中国2013～2015届大学毕业生培养质量跟踪评价。

图3－3－5是2015届高职高专毕业生各项基本工作能力的重要度和满足度。可以看出，2015届高职高专毕业生认为在理解交流能力中最重要的是有效的口头沟通能力（重要度为71%），其满足度为84%；科学思维能力中最重要的是科学分析能力（重要度为60%），其满足度为83%；管理能力中最重要的是说服他人能力（重要度为73%），其满足度为75%；应用分析能力中最重要的是新产品构思能力（重要度为67%），其满足度为80%；动手能力中最重要的是电脑编程能力（重要度为77%），其满足度为63%。

二　核心知识评价

（一）背景介绍

核心知识：从事某项职业工作必须具备的知识。麦可思参考美国SCANS标准，将核心知识分为28项。根据麦可思的核心知识分类，中国大学生可以从事的职业共695个，对应的职业知识近万条。大学毕业生在校期间所掌握的28项知识见表3－3－2。

**图 3 – 3 – 5 2015 届高职高专毕业生的各项基本工作
能力的重要度和满足度**

数据来源：麦可思 – 中国 2015 届大学毕业生培养质量跟踪评价。

表 3 – 3 – 2　核心知识定义及序号

序号	名称	描述
1	行政与管理	关于战略规划、资源分配、人力资源、领导技巧、生产方法、人员与资源协调的商业管理原理
2	生物学	关于动植物有机体的组织、细胞、功能的知识,包括生物体的相互作用及其与环境的依赖和相互作用
3	化学	关于物质的化学组成、结构、性质、化学反应及变化的知识,包括掌握化学物品的危险特征、制备方法以及安全处理方法
4	文秘	关于行政和文书记录程序、系统的知识,例如:文字处理、文件记录归档、速记和誊写、表格设计等,还要掌握其他一些办公程序和专门用语
5	传播与媒体	关于传媒制作、交流、传播技术和方法的知识,包括通过书面、口头和可视媒体等方式来传达信息或娱乐受众
6	计算机与电子学	关于线路板、处理器、芯片、电子设备和电脑软硬件的知识,包括关于应用软件和编程方面的知识
7	消费者服务与个人服务	关于向顾客、个人提供服务的原理及过程的知识,这包括评估顾客需求以达到服务质量标准,并确定顾客的满意程度
8	设计	关于在精密技术方案、蓝图、绘图和模型中所涉及的设计技术、工具和原理的知识
9	经济学与会计	关于经济学和会计学的原理与实践,涉及金融市场、银行业以及对金融数据进行分析和报告的知识
10	教育与培训	关于课程设置和培训的原理和方法,教授和指导个人及团体,以及评估培训效果的知识
11	工程与技术	关于工程科技的实际应用的知识,包括应用原理、技术、程序、设计、生产多种产品和服务所用的设备
12	中文语言	关于汉语语言结构和内容的知识,包括词的意义和书写、构成规则和语法
13	美术	关于音乐、舞蹈、视觉艺术、戏剧和雕塑等艺术作品的创作、制作和表现中所涉及的理论和技术知识
14	外国语	关于一门外语语言结构和内容的知识,包括单词的意义和拼写、构成规则、语法和发音
15	地理学	关于描述陆地、海洋、大气特征的原理和方法的知识,包括其物理特征、位置、相互关系,以及关于植物、动物和人类分布的知识
16	历史学与考古学	关于历史事件及其起因、标志,以及对文明和文化的影响的知识
17	法律与政府	关于法律、法规、法庭程序、判例、政府规定、行政指令、机构规则和民主政治进程的知识
18	数学	关于算术、代数、几何、微积分、统计及其应用的知识

序号	名称	描述
19	机械	关于机械和工具的知识,包括其设计、使用、修理和保养
20	人事与人力资源	关于招聘、选拔、培训、薪酬福利、劳动关系和谈判、人事信息系统的知识
21	哲学	关于不同哲学系统和宗教流派的知识,包括基本原理、价值观、道德观、思考方式、习俗、惯例及其对人类文化的影响
22	物理学	关于物质世界的原理、定理和物质相互作用的知识和预测,以及通过实验手段去了解的关于物质、大气运动、机械、电子、原子和亚原子结构与过程的知识
23	生产与加工	关于原材料、生产过程、质量控制、成本和其他知识,并使有限物资有效和最大限度地应用到制造和分配货物中
24	心理学	关于人类行为和表现,能力、个性和兴趣的个体差异,学习与动机,心理研究方法,以及对行为和情感紊乱的评价和治疗的知识
25	销售与营销	关于展示、促销产品及服务的原则和方法的知识,包括营销策略、产品展示、销售技巧及销售控制体系
26	社会学和人类学	关于群体行为和动力学、社会趋势和影响、人类迁徙,以及种族、文化及其历史和起源的知识
27	电信学	关于电信体系中传输、播报、转换、控制和运营的知识
28	治疗与保健咨询	关于身体和精神功能紊乱的诊断、治疗、复健,以及职业咨询与指导的原则、方法和程序的知识

核心知识的重要度：用于定义正在工作的大学毕业生所理解的各项知识在其岗位工作中的重要程度,分为"无法评估"、"不重要"、"有些重要"、"重要"、"非常重要"和"极其重要"六个层次,数据处理时把重要性处理为百分比,0代表"不重要",25%代表"有些重要",50%代表"重要",75%代表"非常重要",100%代表"极其重要"。

工作要求的核心知识水平：用于定义正在工作的大学毕业生所理解的工作对各项知识的要求级别,从低到高分为一级到七级。一级代表该知识的最低水平,取值1/7;七级代表该知识的最高水平,取值1。为了帮助答题人自评级别,问卷在一到七级中分别举了三个例子,以帮助答题人理解知识水平差别。

毕业时掌握的核心知识水平：用于定义正在工作的大学毕业生所理解的对各项知识在刚毕业时实际掌握的级别，从低到高分为一级到七级。一级代表该知识的最低水平，取值1/7；七级代表该知识的最高水平，取值1。为了帮助答题人自评级别，问卷在一级到七级中分别举了三个例子，以帮助答题人理解知识水平差别。

核心知识的满足度：毕业时掌握的核心知识水平满足社会初始岗位的工作要求水平的百分比，100%为完全满足。满足度计算公式的分子是毕业时掌握的核心知识水平，分母是工作要求的核心知识水平。

（二）核心知识重要度和满足度

图3-3-6、图3-3-7和图3-3-8分别是2013~2015届大学毕业生毕业时掌握的核心知识水平和工作岗位要求达到的水平，以及在此基础上计算出的核心知识满足度。可以看出，无论是本科毕业生还是高职高专毕业生，其毕业时掌握的核心知识水平均低于工作岗位要求的水平。

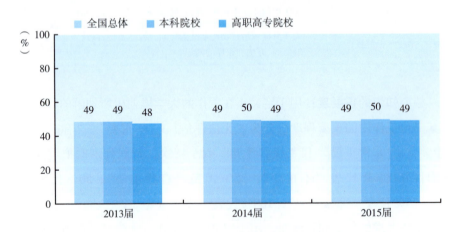

图3-3-6　2013~2015届大学毕业生毕业时掌握的核心知识水平

数据来源：麦可思-中国2013~2015届大学毕业生培养质量跟踪评价。

图 3 – 3 – 7　2013 ~ 2015 届大学毕业生工作岗位要求的核心知识水平

数据来源：麦可思 – 中国 2013 ~ 2015 届大学毕业生培养质量跟踪评价。

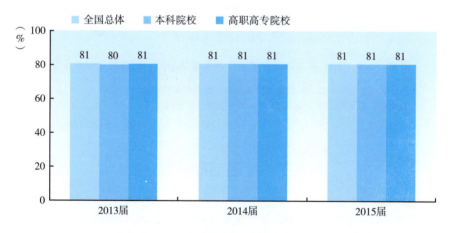

图 3 – 3 – 8　2013 ~ 2015 届大学毕业生的核心知识满足度*

* 因为四舍五入进位，故 2013 届本科院校核心知识满足度与 2014 届、2015 届不同。
数据来源：麦可思 – 中国 2013 ~ 2015 届大学毕业生培养质量跟踪评价。

　　图 3 – 3 – 9 是 2015 届高职高专毕业生的各项核心知识的重要度和满足度。可以看出，2015 届高职高专毕业生认为最重要的核心知识是销售与营销知识（重要度为 66%），其满足度较低（76%）。

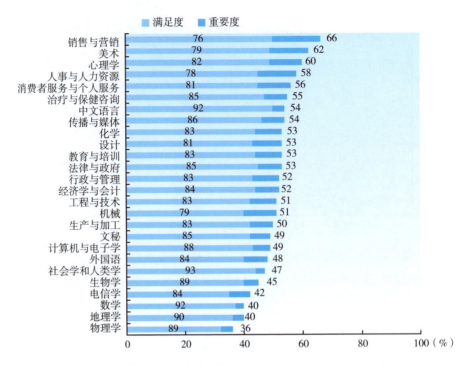

图 3-3-9 2015 届高职高专毕业生的各项核心知识的重要度和满足度

＊历史学与考古学、哲学知识由于样本较少，没有包括在内。
数据来源：麦可思-中国 2015 届大学毕业生培养质量跟踪评价。

三 社团活动评价

社团活动：指被调查的毕业生在大学期间参加过的社团活动。社团活动包括："学术科技类（如统计协会、哲学社、英语角等）"、"社会实践类（如创业协会等）"、"公益类（如志愿者协会等）"、"社交联谊类"、"文化艺术类（如文学社、书画协会等）"、"表演艺术类（如演讲与口才、歌舞戏剧、声乐器乐协会等）"、"体育户外类"，一个毕业生可以选择参加多类社团活动，也可以选择"没参加任何社团活动"。

社团活动满意度：毕业生选择了参加某类社团活动后，会被要求评价对该类社团活动是否满意。社团活动满意度＝参加过该类社团活动并表示满意的人数/参加过该类社团活动的人数。

图 3 - 3 - 10 是 2015 届高职高专毕业生参加社团活动的比例及满意度。可以看出，2015 届高职高专毕业生在校期间参与度最高的社团活动为"公益类"（26%），其次为"体育户外类"（19%）。有 28% 的高职高专毕业生没有参加任何社团活动。在对参加的各类社团活动进行评价时，2015 届高职高专毕业生满意度最高的活动为"公益类"（88%）。

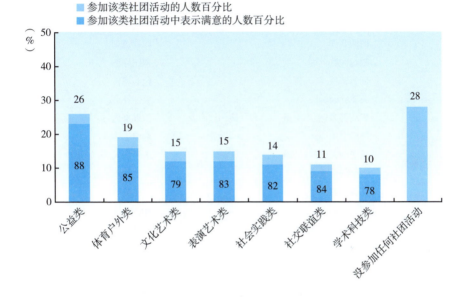

图 3 - 3 - 10　2015 届高职高专毕业生参加社团活动的比例及满意度（多选）

数据来源：麦可思 - 中国 2015 届大学毕业生培养质量跟踪评价。

四　在校素养提升

素养提升：由被调查的毕业生选择大学帮助自己明显提升哪些方面的素养。一个毕业生可选择多项，也可选择"没有任何帮助"。工程类、艺术类、医学类专业在素养培养上有各自的特点，故这素养选项有所不同，具体描述见表 3 - 3 - 3。

表 3 – 3 – 3　不同类型专业素养提升选项

专业类型	素养提升选项	专业类型	素养提升选项
工程类	工程安全	医学类	包容精神
	工程安全关注社会		关注社会
	积极努力、追求上进		积极努力、追求上进
	开拓创新		健康卫生
	乐于助人、参与公益		科学态度
	人生的乐观态度		乐于助人、参与公益
	人文美学		人生的乐观态度
	社会公德		人文美学
	团队合作		职业道德
	遵纪守法		遵纪守法
艺术类	创新精神	其他类	包容精神
	关注社会		关注社会
	积极努力、追求上进		积极努力、追求上进
	健康卫生		健康卫生
	乐于助人、参与公益		乐于助人、参与公益
	人生的乐观态度		人生的乐观态度
	社会公德		人文美学
	艺术修养		社会公德
	知恩图报		知恩图报
	遵纪守法		遵纪守法

　　图 3 – 3 – 11 是 2014 届、2015 届高职高专工程类专业毕业生大学期间的素养提升。可以看出，2015 届高职高专工程类专业毕业生认为在校期间大学对自己素养提升较高的方面为"人生的乐观态度"（63%）、"团队合作"（62%）、"积极努力、追求上进"（61%）；此外，还有 5% 的高职高专工程类专业毕业生认为大学对素养的提升没有任何帮助。

　　图 3 – 3 – 12 是 2014 届、2015 届高职高专艺术类专业毕业生大学期间的素养提升。可以看出，2015 届高职高专艺术类专业毕业生认为在校期间大学对自己素养提升较高的方面为"艺术修养"（67%）、"人生的乐观态度"（60%）、"积极努力、追求上进"（58%）；此外，还有 6% 的高职高专艺术类专业毕业生认为大学对素养的提升没有任何帮助。

**图 3－3－11　2014 届、2015 届高职高专工程类专业毕业生
大学期间的素养提升（多选）**

数据来源：麦可思－中国 2014 届、2015 届大学毕业生培养质量跟踪评价。

**图 3－3－12　2014 届、2015 届高职高专艺术类专业毕业生
大学期间的素养提升（多选）**

数据来源：麦可思－中国 2014 届、2015 届大学毕业生培养质量跟踪评价。

图 3 - 3 - 13 是 2014 届、2015 届高职高专医学类专业毕业生大学期间的素养提升。可以看出，2015 届高职高专医学类专业毕业生认为在校期间大学对自己素养提升较高的方面为"健康卫生"（64%）、"职业道德"（63%）、"积极努力、追求上进"（60%）、"人生的乐观态度"（57%）；此外，还有 2% 的高职高专医学类专业毕业生认为大学对素养的提升没有任何帮助。

图 3 - 3 - 13   2014 届、2015 届高职高专医学类专业毕业生
大学期间的素养提升（多选）

数据来源：麦可思 - 中国 2014 届、2015 届大学毕业生培养质量跟踪评价。

图 3 - 3 - 14 是 2014 届、2015 届高职高专其他类专业毕业生大学期间的素养提升。可以看出，2015 届高职高专其他类专业毕业生认为在校期间大学对自己素养提升较高的方面为"人生的乐观态度"（66%）、"积极努力、追求上进"（65%）；此外，还有 4% 的高职高专其他类专业毕业生认为大学对素养的提升没有任何帮助。

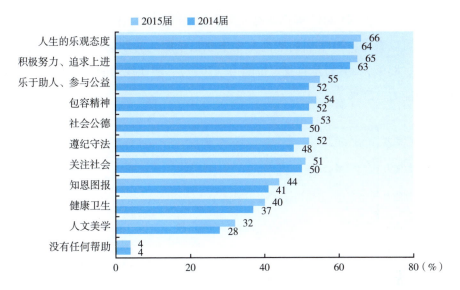

图 3 – 3 – 14　2014 届、2015 届高职高专其他类专业毕业生
大学期间的素养提升（多选）*

* 此处其他类专业是指高职高专除工程类、艺术类、医学类之外的专业。
数据来源：麦可思 – 中国 2014 届、2015 届大学毕业生培养质量跟踪评价。

五　职业能力评价

职业能力：由已经工作的毕业生（毕业三年后）选择自己工作中重要的职业能力，一个毕业生可选择多项。各项职业能力描述见表 3 – 3 – 4。

表 3 – 3 – 4　职业能力描述

职业能力	描述
自我定位能力	客观分析评估个人各项知识和技能的能力
职业规划能力	对职业生涯进行持续的系统计划的能力
工作搜寻能力	全面系统地搜索工作机会的能力
自我行销能力	通过有效的方法和手段将自己推销出去的能力
持续学习能力	持续接受并学习新知识和技能的能力
资源掌控能力	个体构建和使用社会资源的能力

　　图 3 - 3 - 15 是 2012 届高职高专生毕业三年后认为各项职业能力的重要
程度。可以看出，2012 届高职高专生毕业三年后认为职场中持续学习能力
最重要（83%），其后是自我定位能力（70%）、职业规划能力（64%）、资
源掌控能力（56%）。

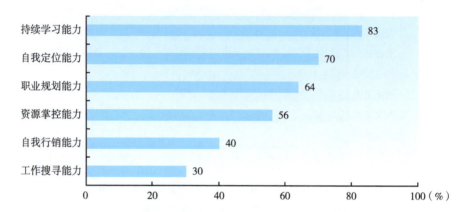

图 3 - 3 - 15　2012 届高职高专生毕业三年后认为各项职业能力的重要程度

数据来源：麦可思 - 中国 2012 届大学毕业生三年后职业发展跟踪评价。

表 3 - 3 - 5　2012 届高职高专生毕业三年后从事的主要职业类
最重要的三项职业能力*

高职高专职业类名称	第一重要的 职业能力	第二重要的 职业能力	第三重要的 职业能力
保险	持续学习能力	职业规划能力	自我定位能力
表演艺术/影视	持续学习能力	自我定位能力	职业规划能力
财务/审计/税务/统计	持续学习能力	自我定位能力	职业规划能力
餐饮/娱乐	持续学习能力	自我定位能力	职业规划能力
测绘	持续学习能力	自我定位能力	职业规划能力
电力/能源	持续学习能力	自我定位能力	职业规划能力
电气/电子（不包括计算机）	持续学习能力	自我定位能力	职业规划能力
房地产经营	持续学习能力	自我定位能力	职业规划能力
高等教育/职业培训	自我定位能力	持续学习能力	职业规划能力
工业安全与质量	持续学习能力	自我定位能力	资源掌控能力
公安/检察/法院/经济执法	持续学习能力	自我定位能力	职业规划能力

续表

高职高专职业类名称	第一重要的职业能力	第二重要的职业能力	第三重要的职业能力
行政/后勤	持续学习能力	自我定位能力	职业规划能力
互联网开发及应用	持续学习能力	自我定位能力	职业规划能力
机动车机械/电子	持续学习能力	自我定位能力	职业规划能力
机械/仪器仪表	持续学习能力	自我定位能力	职业规划能力
计算机与数据处理	持续学习能力	自我定位能力	职业规划能力
建筑工程	持续学习能力	自我定位能力	职业规划能力
交通运输/邮电	持续学习能力	自我定位能力	职业规划能力
金融(银行/基金/证券/期货/理财)	持续学习能力	自我定位能力	职业规划能力
经营管理	持续学习能力	职业规划能力	资源掌控能力
酒店/旅游/会展	持续学习能力	职业规划能力	自我定位能力
矿山/石油	自我定位能力	持续学习能力	职业规划能力
媒体/出版	持续学习能力	资源掌控能力	自我定位能力
美术/设计/创意	持续学习能力	自我定位能力	职业规划能力
农/林/牧/渔类	持续学习能力	自我定位能力	资源掌控能力
人力资源	持续学习能力	职业规划能力	自我定位能力
社区工作者	持续学习能力	自我定位能力	职业规划能力
生产/运营	持续学习能力	自我定位能力	职业规划能力
生物/化工	持续学习能力	自我定位能力	职业规划能力
物流/采购	持续学习能力	自我定位能力	职业规划能力
销售	持续学习能力	自我定位能力	职业规划能力
医疗保健/紧急救助	持续学习能力	自我定位能力	职业规划能力
幼儿与学前教育	持续学习能力	自我定位能力	职业规划能力
中小学教育	持续学习能力	自我定位能力	职业规划能力

* 个别职业类因为样本较少，没有包括在内。

数据来源：麦可思–中国 2012 届大学毕业生三年后职业发展跟踪评价。

六　职业素养评价

职业素养：由已经工作的毕业生（毕业三年后）选择自己工作中重要的职业素养，一个毕业生可选择多项。各项职业素养描述见表 3 - 3 - 6。

表 3 - 3 - 6　职业素养描述

职业素养	描述
压力承受能力	对工作中逆境引起的心理压力和负性情绪的承受与调节的能力
环境适应能力	根据工作环境条件改变自身习惯,调节自身与环境的关系的能力
洞察力	深入了解工作中遇到的各项事务或问题的能力
信息获取和选择能力	为解决工作中遇到的问题而利用一定的信息技术获取信息的能力
策略谋划能力	制定工作中的短、中、长目标并将其付诸实施的能力
责任约束感	自觉履行被赋予的工作义务的态度
忠诚度认识	对所属用人单位所表现出来的心理归属和奉献程度
协作解决问题能力	与他人合作,共同解决问题的能力

图 3 - 3 - 16 是 2012 届高职高专生毕业三年后认为各项职业素养的重要程度。可以看出,2012 届高职高专生毕业三年后认为职场中环境适应能力最重要（78%）,其后是压力承受能力（77%）、协作解决问题能力（74%）、责任约束感（64%）、信息获取和选择能力（60%）等。

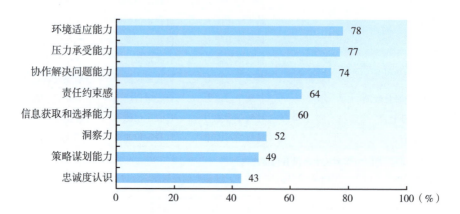

图 3 - 3 - 16　2012 届高职高专生毕业三年后认为各项职业素养的重要程度

数据来源:麦可思－中国 2012 届大学毕业生三年后职业发展跟踪评价。

表 3 – 3 – 7　2012 届高职高专生毕业三年后从事的主要职业类最重要的三项职业素养*

高职高专职业类名称	第一重要的职业素养	第二重要的职业素养	第三重要的职业素养
保险	压力承受能力	环境适应能力	协作解决问题能力
表演艺术/影视	压力承受能力	环境适应能力	协作解决问题能力
财务/审计/税务/统计	环境适应能力	压力承受能力	协作解决问题能力
餐饮/娱乐	压力承受能力	环境适应能力	协作解决问题能力
测绘	协作解决问题能力	环境适应能力	压力承受能力
电力/能源	环境适应能力	压力承受能力	协作解决问题能力
电气/电子(不包括计算机)	环境适应能力	协作解决问题能力	压力承受能力
房地产经营	压力承受能力	环境适应能力	协作解决问题能力
高等教育/职业培训	环境适应能力	协作解决问题能力	压力承受能力
工业安全与质量	协作解决问题能力	压力承受能力	环境适应能力
公安/检察/法院/经济执法	环境适应能力	压力承受能力	协作解决问题能力
行政/后勤	环境适应能力	压力承受能力	协作解决问题能力
互联网开发及应用	压力承受能力	环境适应能力	协作解决问题能力
机动车机械/电子	环境适应能力	压力承受能力	协作解决问题能力
机械/仪器仪表	环境适应能力	协作解决问题能力	压力承受能力
计算机与数据处理	协作解决问题能力	压力承受能力	环境适应能力
建筑工程	环境适应能力	压力承受能力	协作解决问题能力
交通运输/邮电	环境适应能力	压力承受能力	协作解决问题能力
金融(银行/基金/证券/期货/理财)	压力承受能力	环境适应能力	协作解决问题能力
经营管理	压力承受能力	协作解决问题能力	环境适应能力
酒店/旅游/会展	压力承受能力	环境适应能力	协作解决问题能力
矿山/石油	环境适应能力	压力承受能力	责任约束感
媒体/出版	环境适应能力	压力承受能力	协作解决问题能力
美术/设计/创意	压力承受能力	环境适应能力	协作解决问题能力
农/林/牧/渔类	环境适应能力	压力承受能力	责任约束感
人力资源	压力承受能力	环境适应能力	协作解决问题能力
社区工作者	压力承受能力	环境适应能力	协作解决问题能力
生产/运营	环境适应能力	压力承受能力	协作解决问题能力
生物/化工	环境适应能力	协作解决问题能力	压力承受能力
物流/采购	协作解决问题能力	压力承受能力	环境适应能力
销售	压力承受能力	环境适应能力	协作解决问题能力
医疗保健/紧急救助	环境适应能力	压力承受能力	协作解决问题能力
幼儿与学前教育	环境适应能力	协作解决问题能力	压力承受能力
中小学教育	环境适应能力	协作解决问题能力	压力承受能力

　* 个别职业类因为样本较少，没有包括在内。

　数据来源：麦可思 – 中国 2012 届大学毕业生三年后职业发展跟踪评价。

B.14

附 录

名词解释

以下名词按照首字拼音字母的顺序排列。

B

毕业半年后：2015届毕业生毕业第二年（即2016年）的1月左右。麦可思在此时展开调查，收集数据。此时毕业生的就业状况趋于稳定，有工作经历的毕业生也能够评估工作对自己知识、能力的要求水平。

毕业半年后的平均月收入：指毕业生毕业半年后实际每月工作收入的平均值。

毕业去向分布：麦可思将中国本科毕业生的毕业状况分为十类：受雇全职工作；受雇半职工作；自主创业；毕业后入伍；正在国内读研；正在港澳台地区及国外读研；无工作，准备国内读研；无工作，准备到港澳台地区及国外读研；无工作，继续寻找工作；无工作，其他。同理将中国高职高专毕业生的毕业状况分为七类：受雇全职工作；受雇半职工作；自主创业；毕业后入伍；毕业后读本科；无工作，继续寻找工作；无工作，其他。其中，受雇全职工作指平均每周工作32小时或以上，受雇半职工作指平均每周工作20小时到31小时。

毕业三年后：麦可思于2015年对2012届大学毕业生进行了三年后调查跟踪（曾于2013年初对这批大学毕业生进行过半年后调查），本报告涉及的三年内的变化分析即使用两次对同一批大学生的跟踪调查数据。

毕业时掌握的核心知识水平：用于定义正在工作的大学毕业生所理解的

对各项知识在刚毕业时实际掌握的级别，从低到高分为一级到七级。一级代表该知识的最低水平，取值1/7；七级代表该知识的最高水平，取值1。为了帮助答题人自评级别，问卷在一级到七级中分别举了三个例子，以帮助答题人理解知识水平差别。

毕业时掌握的基本工作能力水平：用于定义正在工作的大学毕业生所理解的在刚毕业时实际掌握的35项基本工作能力级别，从低到高分为一级到七级。一级代表该能力的最低水平，取值1/7；七级代表该能力的最高水平，取值1。为了帮助答题人自评级别，问卷在一级到七级中分别举了三个例子，以帮助答题人理解能力差别。

C

城市类型：本研究按行政级别把中国内地城市分为以下三种类型。

a. 直辖市：包括北京、上海、天津、重庆。

b. 副省级城市：包括哈尔滨、长春、沈阳、大连、济南、青岛、南京、杭州、宁波、厦门、广州、深圳、武汉、成都、西安15个城市。部分省会城市不属于副省级城市。

c. 地级城市及以下：如绵阳、保定、苏州等，也包括省会城市如福州、银川等以及地级市下属的县、乡等。

创新能力：指35项基本工作能力中与创新能力相关的几项能力，包括科学分析、批判性思维、积极学习、新产品构思四项能力。

创新创业教育课程：指被调查的毕业生在大学期间参加过的创新创业教育课程，包括"创新研究方法类"、"学科前沿知识类"、"创业基础（能力素质培养）类"、"创业指导（实务操作）类"、"其他创新教育课程"、"其他创业教育课程"，一个毕业生可以选择参加多类课程，也可以选择"没有参加过"。

创新创业教育课程有效性：毕业生选择了参加某类创新创业教育课程后，会被要求评价该类课程对其工作或学习是否有帮助。创新创业教育课程有效性＝参加过该类课程并表示有帮助的人数/参加过该类课程的人数。

D

大学毕业生：本科院校、高职高专院校的毕业生。

待定族：指调查时处于失业状态且不打算求职和求学的大学毕业生。

对母校的总体满意度：由被调查的毕业生回答对母校的总体满意度，选项有"很满意"、"满意"、"不满意"、"很不满意"、"无法评估"共五项。其中，"满意"、"很满意"属于满意的范围，"不满意"、"很不满意"属于不满意的范围。对母校的总体满意度是回答满意范围的人数百分比，计算公式的分子是回答满意范围的人数，分母是回答不满意范围和满意范围的总人数。

对母校的推荐度：在同等分数、同类型学校条件下，大学毕业生是否愿意推荐母校给亲朋好友去就读的比例。推荐度计算公式的分子是回答"愿意推荐"的人数，分母是回答"愿意推荐"、"不愿意推荐"、"不确定"的总人数。

G

工作岗位要求的工作能力水平：用于定义正在工作的大学毕业生所理解的工作对35项基本工作能力的要求级别，从低到高分为一级到七级。一级代表该能力的最低水平，取值1/7；七级代表该能力的最高水平，取值1。为了帮助答题人自评级别，问卷在一到七级中分别举了三个例子，以帮助答题人理解能力差别。

工作能力：从事某项职业工作必须具备的能力，分为职业工作能力和基本工作能力。职业工作能力是从事某一职业特殊需要的能力，基本工作能力是所有工作都必须具备的能力，麦可思参考美国SCANS标准，把基本工作能力分为35项。根据麦可思的工作能力分类，中国大学生可以从事的职业共695个，对应的职业能力近万条。

工作要求的核心知识水平：用于定义正在工作的大学毕业生所理解的工作对各项知识的要求级别，从低到高分为一级到七级。一级代表该知识的最低水平，取值 1/7；七级代表该知识的最高水平，取值 1。为了帮助答题人自评级别，问卷在一到七级中分别举了三个例子，以帮助答题人理解知识水平差别。

工作与专业相关度 = 受雇全职工作并且与专业相关的毕业生人数/受雇全职工作的毕业生人数。

雇主数：指毕业生从第一份工作到三年后的调查时点，一共为多少个雇主工作过。雇主数越多，则工作转换得越频繁；雇主数可以代表毕业生工作稳定的程度。

H

行业：根据麦可思中国行业分类体系，本次调查覆盖了高职高专毕业生就业的 327 个行业。

行业转换率：行业转换是指毕业生在毕业半年后就业于某行业（小类），而毕业三年后进入不同的行业就业。行业转换率是指有多大比例的毕业生在毕业三年内转换了行业。其计算方法为：分母是毕业半年后有工作的毕业生数，分子是毕业三年后所在行业与半年后所在行业不同的毕业生数。

核心知识：从事某项职业工作必须具备的知识。麦可思参考美国 SCANS 标准，将核心知识分为 28 项。根据麦可思的核心知识分类，中国大学生可以从事的职业共 695 个，对应的职业知识近万条。

核心知识的重要度：用于定义正在工作的大学毕业生所理解的各项知识在其岗位工作中的重要程度，分为"无法评估"、"不重要"、"有些重要"、"重要"、"非常重要"和"极其重要"六个层次，数据处理时把重要性处理为百分比，0 代表"不重要"，25% 代表"有些重要"，50% 代表"重要"，75% 代表"非常重要"，100% 代表"极其重要"。

核心知识的满足度：毕业时掌握的核心知识水平满足社会初始岗位的工

作要求水平的百分比,100%为完全满足。满足度计算公式的分子是毕业时掌握的核心知识水平,分母是工作要求的核心知识水平。

红牌专业:失业量较大,就业率、月收入和就业满意度综合较低的专业,为高失业风险型专业。

黄牌专业:除红牌专业外,失业量较大,就业率、月收入和就业满意度综合较低的专业。

J

基本工作能力的重要度:用于定义正在工作的大学毕业生所理解的35项基本工作能力在其岗位工作中的重要程度,分为"无法评估"、"不重要"、"有些重要"、"重要"、"非常重要"和"极其重要"六个层次,数据处理时把重要性处理为百分比,0代表"不重要",25%代表"有些重要",50%代表"重要",75%代表"非常重要",100%代表"极其重要"。

基本工作能力的满足度:毕业时掌握的基本工作能力水平满足社会初始岗位的工作要求水平的百分比,100%为完全满足。满足度计算公式的分子是毕业时掌握的基本工作能力水平,分母是工作要求的水平。

经济区域:本研究把中国内地31个省、自治区和直辖市分为八个经济体系区域。

a. 东北区域经济体:包括黑龙江、吉林、辽宁;

b. 泛渤海湾区域经济体:包括北京、天津、山东、河北、内蒙古、山西;

c. 陕甘宁青区域经济体:包括陕西、甘肃、宁夏、青海;

d. 中原区域经济体:包括河南、湖北、湖南;

e. 泛长江三角洲区域经济体:包括上海、江苏、浙江、江西、安徽;

f. 泛珠江三角洲区域经济体:包括广东、广西、福建、海南;

g. 西南区域经济体:包括重庆、四川、贵州、云南;

h. 西部生态经济区:包括西藏、新疆。

就业地：指大学毕业生在接受调查时的就业所在地区。

就业经济区域自主创业比例＝在本经济区域自主创业的毕业生人数/在本经济区域就业的毕业生人数。

就业率：本科毕业生的就业率＝已就业本科毕业生数/需就业的总本科毕业生数；需要注意的是，按劳动经济学的就业率定义，已就业人数不包括国内外读研人数，需就业的总毕业生数也不包括国内外读研的人数；政府教育机构统计的就业率通常包括国内外读研人数，也就是本报告中的非失业率。高职高专毕业生的就业率＝已就业高职高专毕业生数/需就业的总高职高专毕业生数；其中，已就业人数不包括读本科人数，需就业的总毕业生数也不包括读本科人数。

就业满意度：在被调查的毕业生中，由就业人群对自己目前的就业现状进行主观判断，选项有"很满意"、"满意"、"不满意"、"很不满意"、"无法评估"共五项。其中，选择"满意"或"很满意"的人属于对就业现状满意，选择"不满意"或"很不满意"的人属于对就业现状不满意。

教学满意度：由被调查的毕业生回答对母校的教学满意度，选项有"很满意"、"满意"、"不满意"、"很不满意"、"无法评估"共五项。其中，"满意"、"很满意"属于满意的范围，"不满意"、"很不满意"属于不满意的范围。教学满意度是回答满意范围的人数百分比，计算公式的分子是回答满意范围的人数，分母是回答不满意范围和满意范围的总人数。

K

课程的重要度：由就业和正在国内外读研的毕业生判定课程在自己的工作或学习中是否重要。被调查的毕业生对课程的重要度评价分为"无法评估"、"不重要"、"有些重要"、"重要"、"非常重要"、"极其重要"，其中"有些重要"、"重要"、"非常重要"、"极其重要"属于重要的范围。

课程的满足度：对课程的重要度评价属于重要范围的毕业生会被要求回答课程训练是否满足工作或学习要求，满足度指标是回答某课程能满足工作

或学习的百分比。计算公式的分子是回答"满足"的人数，分母是回答"满足"和"不满足"的总人数。

L

离职类型：分为主动离职（辞职）、被雇主解职、两者均有（离职两次以上可能会出现）三类情形。

离职率：有过工作经历的毕业生（从毕业时到 2015 年 12 月 31 日）有多大百分比发生过离职。离职率 = 曾经发生离职行为的毕业生人数/现在工作或曾经工作过的毕业生人数。

绿牌专业：失业量较小，就业率、月收入和就业满意度综合较高的专业，为需求增长型专业。

S

素养提升：由被调查的毕业生选择大学帮助自己明显提升哪些方面的素养。一个毕业生可选择多项，也可选择"没有任何帮助"。工程类、艺术类、医学类专业在素养培养上有各自的特点，故这素养选项有所不同。

社团活动：指被调查的毕业生在大学期间参加过的社团活动。社团活动包括："学术科技类（如统计协会、哲学社、英语角等）"、"社会实践类（如创业协会等）"、"公益类（如志愿者协会等）"、"社交联谊类"、"文化艺术类（如文学社、书画协会等）"、"表演艺术类（如演讲与口才、歌舞戏剧、声乐器乐协会等）"、"体育户外类"，一个毕业生可以选择参加多类社团活动，也可以选择"没参加任何社团活动"。

社团活动满意度：毕业生选择了参加某类社团活动后，会被要求评价对该类社团活动是否满意。社团活动满意度 = 参加过该类社团活动并表示满意的人数/参加过该类社团活动的人数。

生活服务满意度：由被调查的毕业生回答对母校的生活服务满意度，选项有"很满意"、"满意"、"不满意"、"很不满意"、"无法评估"共五项。其中，"满意"、"很满意"属于满意的范围，"不满意"、"很不满意"属于不满意的范围。生活服务满意度是回答满意范围的人数百分比，计算公式的分子是回答满意范围的人数，分母是回答不满意范围和满意范围的总人数。

失业率 = 未就业毕业生数/需就业的总毕业生数，需就业的总毕业生数不包括国内外读研（本科毕业生）、读本科（高职高专毕业生）的人数。

W

未就业：本研究将应届大学毕业生在毕业半年后调查时没有全职或者半职雇用工作，也没有创业、入伍或升学的状态，视为未就业。这包括准备考研、准备出国读研、还在找工作和"待定族"四种情况。

五大类基本工作能力：麦可思参考美国 SCANS 标准，将 35 项基本工作能力划归为五大类型，分别是理解与交流能力、科学思维能力、管理能力、应用分析能力和动手能力。

X

学生工作满意度：由被调查的毕业生回答对母校的学生工作满意度，选项有"很满意"、"满意"、"不满意"、"很不满意"、"无法评估"共五项。其中，"满意"、"很满意"属于满意的范围，"不满意"、"很不满意"属于不满意的范围。学生工作满意度是回答满意范围的人数百分比，计算公式的分子是回答满意范围的人数，分母是回答不满意范围和满意范围的总人数。

Y

已就业人群：包括"受雇全职工作"、"受雇半职工作"、"自主创业"、"毕业后入伍"四类人群。

月收入：指工资、奖金、业绩提成、现金福利补贴等所有的月度现金收入。

月收入的"增长率" =（2015届毕业生的平均月收入 – 2014届毕业生的平均月收入）/2014届毕业生的平均月收入。

月收入增长 = 毕业三年后的月收入 – 毕业半年后的月收入。

月收入涨幅 = 月收入增长/毕业半年后的月收入。

Z

职位晋升：由已经工作的毕业生回答是否获得职位晋升以及获得晋升的次数。职位晋升是指享有比前一个职位更多的职权并承担更多的责任，由毕业生主观判断。这既包括不换雇主的内部提升，也包括通过更换雇主实现的晋升。

职位晋升次数：由毕业生回答获得职位晋升的次数，计算公式的分子是三年内毕业生获得的职位晋升次数，没有获得职位晋升的人记为0次，分母是三年内就业和就业过的毕业生数。

职业：根据麦可思中国职业分类体系，本次调查覆盖了高职高专毕业生能够从事的542个职业。

职业素养：由已经工作的毕业生（毕业三年后）选择自己工作中重要的职业素养，一个毕业生可选择多项。

职业期待吻合度：毕业生被调查时的工作与职业期待吻合的人数百分比。

职业转换：指毕业生在毕业半年后从事某种职业，毕业三年后由原职业转换到不同的职业。转换职业通常在工作单位内部完成的并不代表离职；反过来讲，更换雇主可能也不代表转换职业。

职业转换率：指有多大比例的毕业生在毕业三年内转换了职业。其计算方法为：分母是毕业半年后有工作的毕业生数，分子是毕业三年后从事的职业与半年后从事的职业不同的毕业生数。

　　专升本：指高职高专毕业生后继续就读本科。有专升本、专插本、专接本、专转本多种形式，本报告中统一称为"专升本"。

　　专业大类：按照教育部的专业目录以及学校新增的专业，本次调查覆盖了高职高专院校所开设的专业大类18个。

　　专业类：按照教育部的专业目录以及学校新增的专业，本次调查覆盖了高职高专院校所开设的专业类74个。

　　专业：按照教育部的专业目录以及学校新增的专业，本次调查覆盖了高职高专院校所开设的专业599个。

　　自主创业集中的行业类比例：自主创业人群中有多大比例毕业生在该行业类就业，计算公式的分子是自主创业人群中在该行业类就业的毕业生人数，分母是毕业生自主创业的总人数。

　　自主创业集中的职业类比例：自主创业人群中有多大比例的毕业生从事该职业类。计算公式的分子是自主创业人群中从事该职业类的毕业生人数，分母是毕业生自主创业的总人数。

B.15
主要参考文献

［1］E. Grady Bogue，Kimberely Bingham Hall. *Quality and Accountability in Higher Education*［M］. Greenwood Publishing Group，Inc，2003.

［2］James D. Fearon. 2002. Selection Effects and Deterrence. *International Interaction.* 28：5－29.

［3］麦可思研究院编著《2013 年中国大学生就业报告》，社会科学文献出版社，2013。

［4］麦可思研究院编著《2014 年中国大学生就业报告》，社会科学文献出版社，2014。

［5］麦可思研究院编著《2015 年中国高职高专生就业报告》，社会科学文献出版社，2015。

［6］《高等职业教育创新发展行动计划（2015－2018 年)》，中华人民共和国教育部，2015。

［7］《教育部关于深化职业教育教学改革全面提高人才培养质量的若干意见》，中华人民共和国教育部，教职成〔2015〕6 号。

［8］《关于编制发布高校毕业生就业质量年度报告的通知》，中华人民共和国教育部，教学厅函〔2013〕25 号。

［9］《中华人民共和国职业分类大典》，中国劳动社会保障出版社，1999。

［10］《中华人民共和国职业分类大典》（2005 增补本），中国劳动社会保障出版社，2005。

✤ 皮书起源 ✤

"皮书"起源于十七、十八世纪的英国,主要指官方或社会组织正式发表的重要文件或报告,多以"白皮书"命名。在中国,"皮书"这一概念被社会广泛接受,并被成功运作、发展成为一种全新的出版形态,则源于中国社会科学院社会科学文献出版社。

✤ 皮书定义 ✤

皮书是对中国与世界发展状况和热点问题进行年度监测,以专业的角度、专家的视野和实证研究方法,针对某一领域或区域现状与发展态势展开分析和预测,具备原创性、实证性、专业性、连续性、前沿性、时效性等特点的公开出版物,由一系列权威研究报告组成。

✤ 皮书作者 ✤

皮书系列的作者以中国社会科学院、著名高校、地方社会科学院的研究人员为主,多为国内一流研究机构的权威专家学者,他们的看法和观点代表了学界对中国与世界的现实和未来最高水平的解读与分析。

✤ 皮书荣誉 ✤

皮书系列已成为社会科学文献出版社的著名图书品牌和中国社会科学院的知名学术品牌。2011年,皮书系列正式列入"十二五"国家重点出版规划项目;2012~2015年,重点皮书列入中国社会科学院承担的国家哲学社会科学创新工程项目;2016年,46种院外皮书使用"中国社会科学院创新工程学术出版项目"标识。

中国皮书网

www.pishu.cn

发布皮书研创资讯，传播皮书精彩内容
引领皮书出版潮流，打造皮书服务平台

栏目设置：

☐ 资讯：皮书动态、皮书观点、皮书数据、
　　　　皮书报道、皮书发布、电子期刊
☐ 标准：皮书评价、皮书研究、皮书规范
☐ 服务：最新皮书、皮书书目、重点推荐、在线购书
☐ 链接：皮书数据库、皮书博客、皮书微博、在线书城
☐ 搜索：资讯、图书、研究动态、皮书专家、研创团队

中国皮书网依托皮书系列"权威、前沿、原创"的优质内容资源，通过文字、图片、音频、视频等多种元素，在皮书研创者、使用者之间搭建了一个成果展示、资源共享的互动平台。

自 2005 年 12 月正式上线以来，中国皮书网的 IP 访问量、PV 浏览量与日俱增，受到海内外研究者、公务人员、商务人士以及专业读者的广泛关注。

2008 年、2011 年中国皮书网均在全国新闻出版业网站荣誉评选中获得"最具商业价值网站"称号；2012 年，获得"出版业网站百强"称号。

2014 年，中国皮书网与皮书数据库实现资源共享，端口合一，将提供更丰富的内容，更全面的服务。

法 律 声 明

　　"皮书系列"（含蓝皮书、绿皮书、黄皮书）之品牌由社会科学文献出版社最早使用并持续至今，现已被中国图书市场所熟知。"皮书系列"的 LOGO（ ）与"经济蓝皮书""社会蓝皮书"均已在中华人民共和国国家工商行政管理总局商标局登记注册。"皮书系列"图书的注册商标专用权及封面设计、版式设计的著作权均为社会科学文献出版社所有。未经社会科学文献出版社书面授权许可，任何使用与"皮书系列"图书注册商标、封面设计、版式设计相同或者近似的文字、图形或其组合的行为均系侵权行为。

　　经作者授权，本书的专有出版权及信息网络传播权为社会科学文献出版社享有。未经社会科学文献出版社书面授权许可，任何就本书内容的复制、发行或以数字形式进行网络传播的行为均系侵权行为。

　　社会科学文献出版社将通过法律途径追究上述侵权行为的法律责任，维护自身合法权益。

　　欢迎社会各界人士对侵犯社会科学文献出版社上述权利的侵权行为进行举报。电话：010 - 59367121，电子邮箱：fawubu@ ssap. cn。

社会科学文献出版社

权威报告·热点资讯·特色资源

皮书数据库
ANNUAL REPORT(YEARBOOK)
DATABASE

当代中国与世界发展高端智库平台

S 子库介绍
ub-Database Introduction

中国经济发展数据库

涵盖宏观经济、农业经济、工业经济、产业经济、财政金融、交通旅游、商业贸易、劳动经济、企业经济、房地产经济、城市经济、区域经济等领域，为用户实时了解经济运行态势、把握经济发展规律、洞察经济形势、做出经济决策提供参考和依据。

中国社会发展数据库

全面整合国内外有关中国社会发展的统计数据、深度分析报告、专家解读和热点资讯构建而成的专业学术数据库。涉及宗教、社会、人口、政治、外交、法律、文化、教育、体育、文学艺术、医药卫生、资源环境等多个领域。

中国行业发展数据库

以中国国民经济行业分类为依据，跟踪分析国民经济各行业市场运行状况和政策导向，提供行业发展最前沿的资讯，为用户投资、从业及各种经济决策提供理论基础和实践指导。内容涵盖农业，能源与矿产业，交通运输业，制造业，金融业，房地产业，租赁和商务服务业，科学研究环境和公共设施管理，居民服务业，教育，卫生和社会保障，文化、体育和娱乐业等100余个行业。

中国区域发展数据库

以特定区域内的经济、社会、文化、法治、资源环境等领域的现状与发展情况进行分析和预测。涵盖中部、西部、东北、西北等地区，长三角、珠三角、黄三角、京津冀、环渤海、合肥经济圈、长株潭城市群、关中—天水经济区、海峡经济区等区域经济体和城市圈，北京、上海、浙江、河南、陕西等34个省份及中国台湾地区。

中国文化传媒数据库

包括文化事业、文化产业、宗教、群众文化、图书馆事业、博物馆事业、档案事业、语言文字、文学、历史地理、新闻传播、广播电视、出版事业、艺术、电影、娱乐等多个子库。

世界经济与国际政治数据库

以皮书系列中涉及世界经济与国际政治的研究成果为基础，全面整合国内外有关世界经济与国际政治的统计数据、深度分析报告、专家解读和热点资讯构建而成的专业学术数据库。包括世界经济、世界政治、世界文化、国际社会、国际关系、国际组织、区域发展、国别发展等多个子库。